독송(讀誦) 공덕문(功德文)

부처님은 범인(凡人)이 흉내 낼 수 없는 피나는 정진(精進)을 통해 큰 깨달음을 이루신 인류의 큰 스승이십니다. 그 깨달음으로 삶과 존재의 실상(實相)을 바르게 꿰뚫어 보시고 의미 있고 보람된 삶에 대하여 가르치셨습니다.

부처님의 가르침을 전하는 사람을 법사(法師)라고 하는데, 법화경(法華經) 법사품(法師品)에는 다섯 가지 법사에 대하여 설파하고 있습니다. 그 첫째는 경전을 지니고 다니는 사람, 둘째는 경전을 읽는 사람, 셋째는 경전을 외우는 사람, 넷째는 경전을 해설하는 사람, 다섯째는 경전을 사경하는 사람입니다. 이 중 한 가지만 하더라도 훌륭한 법사이며, "법사의 길을 행하는 사람은 부처님의 장엄(莊嚴)으로 장엄한 사람이며, 부처

님께서 두 어깨로 업어주는 사람이다." 라고 말
씀하고 있으니 세상을 살아가면서 이보다 더 큰
보람과 영광이 어디에 있겠습니까?

이번에 제작된 〈무량공덕 독송본〉은 항상 지
니고 다니면서 읽고 베껴 쓸 수 있는 경전입니
다. 부디 많은 분들이 이 인연 공덕에 함께 하시
어 큰깨달음 이루시고 행복하시기를 기원합니다.

독송공덕수승행 무변승복개회향
讀誦功德殊勝行 無邊勝福皆廻向(독송한 그 공
덕 수승하여라, 가없는 그 공덕 모두 회향하여)

보원침익제유정 속왕무량광불찰
普願沈溺諸有情 速往無量光佛刹(이 세상 모든
사람 모든 생명, 한량없는 복된 삶 누려지이다.)

불기2549(2005)년 여름안거

금정산 범어사 如天 無比 합장

4

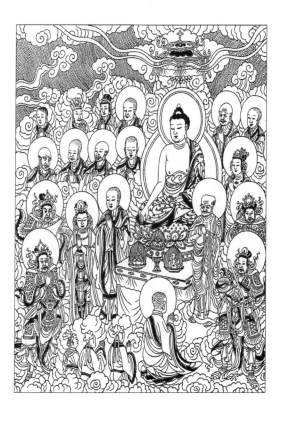

차 례

◇ 지장경계청
地藏經啓請

『약유인 수지지장경자 선수지심념 정구
若有人 受持地藏經者 先須至心念 淨口

업진언 연후 계청팔금강 사보살 명호
業眞言 然後 啓請八金剛 四菩薩 名號

소재지처 상당옹호』 (읽지 않음)
所在之處 常當擁護

7

◇

정구업진언
淨口業眞言

수리 수리 마하수리 수수리 사바하 (세번)

봉청청제재금강
奉請 靑除灾 金剛

봉청벽독금강
奉請 辟毒 金剛

봉청황수구금강
奉請 黃隨求 金剛

봉청백정수금강
奉請 白淨水 金剛

봉청적성화금강
奉請 赤聲火 金剛

봉청정제재금강
奉請 除灾 金剛

봉청자현신금강
奉請 紫賢神 金剛

봉청대신력금강
奉請 大神力 金剛

봉청금강권보살 奉請金剛眷菩薩 　　봉청금강색보살 奉請金剛索菩薩

봉청금강애보살 奉請金剛愛菩薩 　　봉청금강어보살 奉請金剛語菩薩

계수삼계존 稽首三界尊 　귀명지장왕 歸命地藏王

아금발홍원 我今發弘願 　지차지장경 持此地藏經

상보사중은 上報四重恩 　하제삼도고 下濟三塗苦

약유견문자 若有見聞者 　실발보리심 悉發菩提心

9

지심귀명례

至心歸命禮

유명교주본존지장보살마하살

幽冥教主本尊地藏菩薩摩訶薩

계수자비대교주 지언견후광함장

稽首慈悲大教主　地言堅厚廣含藏

남방세계용향운 향우화운급화우

南方世界涌香雲　香雨花雲及花雨

보우보운무수종 위상위서변장엄

寶雨寶雲無數種　爲祥爲瑞徧莊嚴

천인문불시하인 불언지장보살지

天人問佛是何因　佛言地藏菩薩至

삼세여래동찬앙 三世如來同讚仰

시방보살공귀의 十方菩薩共歸依

아금숙식선인연 我今宿植善因緣

찬양지장진공덕 讚揚地藏眞功德

자인적선 慈因積善 서구중생 誓求衆生

수중금석 手中今錫 진개지옥 振開地獄

지문 之門 장상명주 掌上明珠 광섭대천지계 光攝大千之界 염왕전상업 閻王殿上業

경대전 鏡臺前 위남염부제중생 爲南閻浮提衆生 작개증명공덕주 作箇證明功德主

대비대원 大悲大願 대성대자 大聖大慈 본존지장보살마하살 本尊地藏菩薩摩訶薩

◇

개경게
開經偈

무상심심미묘법
無上甚深微妙法

백천만겁난조우
百千萬劫難遭遇

아금문견득수지
我今聞見得受持

원해여래진실의
願解如來眞實義

◇

개법장진언
開法藏眞言

옴 아라남 아라다 (세번)
唵 阿羅喃 阿羅馱

지장보살본원경 상
地藏菩薩本願經 上

제일 도리천궁신통품
第一 忉利天宮神通品

여시아문하사오니 일시에 불이 재도리천하사 위
如是我聞 一時 佛 在忉利天 爲

모설법이러니 이시에 시방무량세계불가설불가
母說法 爾時 十方無量世界不可說不可

설일체제불과 급대보살마하살이 개래집회하사
說一切諸佛 及大菩薩摩訶薩 皆來集會

찬탄하시되 석가모니불이 능어오탁악세에 현불
讚歎　釋迦牟尼佛　能於五濁惡世　現不

가사의대지혜신통지력하사 조복강강중생하여
可思議大智慧神通之力　調伏剛強衆生

지고락법이라하시고 각견시자하사 문신세존하니라
知苦樂法　各遣侍者　問訊世尊

시시에 여래함소하시고 방백천만억대광명운하시니
是時　如來含笑　放百千萬億大光明雲

소위대원만광명운과 대자비광명운과 대지혜
所謂大圓滿光明雲　大慈悲光明雲　大智慧

광명운과 대반야광명운과 대삼매광명운과 대
光明雲　大般若光明雲　大三昧光明雲　大

14

길상광명운과 吉祥光明雲 대복덕광명운과 大福德光明雲 대공덕광명운과 大功德光明雲

대귀의광명운과 大歸依光明雲 대찬탄광명운이니라 大讚歎光雲明 放如是等 방여시등

불가설광명운이 하시고 不可說光明雲已 우출종종미묘지음 하시니 又出種種微妙之音 찬제바 羼提波

소위단바라밀음이며 所謂檀波羅蜜音 시라바라밀음이며 尸羅波羅蜜音

라밀음이며 비리야바라밀음이며 毗離耶波羅蜜音 선바라밀음이며 禪波羅蜜音

반야바라밀음이며 般若波羅蜜音 자비음이며 慈悲音 희사음이며 喜捨音 해탈 解脫

15

음이며 무루음이며 지혜음이며 대지혜음이며 사자

<small>音　無漏音　智慧音　大智慧音　獅子</small>

후음이며 대사자후음이며 운뢰음이며 대운뢰음

<small>吼音　大獅子吼音　雲雷音　大雲雷音</small>

이니라 출여시등불가설불가설음이 하시고 사바세

<small>出如是等不可說不可說音已　娑婆世</small>

계와 급타방국토에 유무량억천룡귀신이 역집

<small>界　及他方國土　有無量億天龍鬼神　亦集</small>

도리천궁하니 소위사천왕천과 도리천과 수염

<small>到忉利天宮　所謂四天王天　忉利天　須燄</small>

마천과 도솔타천과 화락천과 타화자재천과 범

<small>摩天　兜率陀天　化樂天　他化自在天　梵</small>

16

중천과 범보천과 대범천과 소광천과 무량광천과

광음천과 소정천과 무량정천과 변정천과 복생

천과 복애천과 광과천과 엄식천과 무량엄식천과

엄식과실천과 무상천과 무번천과 무열천과 선

견천과 선현천과 색구경천과 마혜수라천과 내

지비상비비상처천과 일체천중과 용중과 귀신

등중이 실래집회하니라 부유타방국토와 급사

等衆　悉來集會　復有他方國土　及婆

바세계의 해신강신과 하신수신과 산신지신과

婆世界　海神江神　河神樹神　山神地神

천택신묘가신과 주신야신과 공신천신과 음식

川澤神苗稼神　畫神夜神　空神天神　飲食

신초목신과 여시등신이 개래집회하니라 부유타

神草木神　如是等神　皆來集會　復有他

방국토와 급사바세계제대귀왕하니 소위악목귀

方國土　及娑婆世界諸大鬼王　所謂惡目鬼

왕과 담혈귀왕과 담정기귀왕과 담태란귀왕과

王　噉血鬼王　噉精氣鬼王　噉胎卵鬼王

행병귀왕과

行病鬼王

섭독귀왕과 자심귀왕과 복리귀왕과

攝毒鬼王 慈心鬼王 福利鬼王

대애경귀왕인 여시등귀왕이 개래집회하니라

大愛敬鬼王 如是等鬼王 皆來集會

이시에 석가모니불이 고문수사리법왕자보살

爾時 釋迦牟尼佛 告文殊師利法王子菩薩

마하살하시되 여관시일체제불보살과 급천룡귀

摩訶薩 汝觀是一切諸佛菩薩 及天龍鬼

신과 차세계타세계와 차국토타국토에 여시금

神 此世界他世界 此國土他國土 如是今

래집회도도리천자를 여지수부아 문수사리백

來集會到忉利天者 汝知數否 文殊師利白

19

佛言하시되 세존이시여 약이아신력으로 천겁측탁
佛言 世尊 若以我神力 千劫測度

하여도 불능득지로소이다 불고문수사리하시되 오이
不能得知 佛告文殊師利 吾以

불안관하여도 유부진수니 차는 개시지장보살이
佛眼觀 猶不盡數 此 皆是地藏菩薩

구원겁래에 이도당도미도하며 이성취당성취미
久遠劫來 已度當度未度 已成就當成就未

성취니라 문수사리백불언하시되 세존이시여 아이
成就 文殊師利白佛言 世尊 我已

과거에 구수선근하여 증무애지일새 문불소언하고
過去 久修善根 證無碍智 聞佛所言

20

즉당신수어니와
卽當信受

소과성문과
小果聲聞

천룡팔부와
天龍八部

급미래
及未來

세제중생등은
世諸衆生等

수문여래성실지어하여도
雖聞如來誠實之語

필회의
必懷疑

혹하며
惑

설사정수하여도
設使頂受

미면흥방하리니
未免興謗

유원세존은
唯願世尊

광설지장보살마하살의
廣說地藏菩薩摩訶薩

인지에
因地

작하행하며
作何行

입하
立何

원하여
願

이능성취부사의사하소서
而能成就不思議事

불고문수사리하
佛告文殊師利

시되
譬如三千大千世界에

비여삼천대천세계에
所有草木叢林

소유초목총림과
道麻

도마
稻麻

21

죽위와 竹葦 산석미진에 山石微塵 일물일수로 一物一數 작일항하 作一恒河 하고

일항하사일사로 一恒河沙一沙 일계하고 一界 일계지내에 一界之內 일진으로 一塵

일겁이요 一劫 일겁지내에 一劫之內 소적진수를 所積塵數 진충위겁하여도 盡充爲劫

지장보살이 地藏菩薩 證十地果位以來 증십지과위이래컨대 천배다어상유 千倍多於上喩

어든 하황지장보살이 何況地藏菩薩 在聲聞辟支佛地 재성문벽지불지이리요 文 문

수사리여 殊師利 차보살의 此菩薩 위신서원은 威神誓願 불가사의니 不可思議 약 若

미래세에 未來世 유선남자선녀인이 有善男子善女人 문시보살명자하고 聞是菩薩名字

혹찬탄커나 或讚歎 혹첨례커나 或瞻禮 혹칭명커나 或稱名 혹공양커나 或供養

내지채화각루소칠형상하면 乃至彩畵刻鏤塑漆形像 시인은 是人 당득백반 當得百返

생어삼십삼천하여 生於三十三天 영불타악도하리라 永不墮惡道

문수사리여 文殊師利 시지장보살마하살은 是地藏菩薩摩訶薩 어과거구원 於過去久遠

불가설불가설겁전에 不可說不可說劫前 신위대장자자러니 身爲大長者子 시세 時世

23

유불하시되 호왈 사자분신구족만행여래시라 시

有佛 號曰 獅子奮迅具足萬行如來 時

에 장자자견불 상호천복으로 장엄하고 인문피

長者子見佛 相好千福 莊嚴 因問彼

불하시되 작하행원하여서 이득차상이니까 시에 사

佛 作何行願 而得此相 時 獅

자분신구족만행여래고장자자하시되 욕증차신

子奮迅具足萬行如來告長者子 欲證此身

인데 당수구원에 도탈일체수고중생이라하시거늘

當須久遠 度脫一切受苦衆生

문수사리야 시에 장자자인발서언하되 아금진

文殊師利 時 長者子因發誓言 我今盡

24

미래제불가계겁에 위시죄고육도중생하여 광
未來際不可計劫 爲是罪苦六道衆生 廣

설방편하여 진령해탈코서 이아자신이 방성불도
說方便 盡令解脫 而我自身 方成佛道

하리라하여 이시어피불전에 입사대원우금백천만
以是於彼佛前 立斯大願于今百千萬

억나유타불가설겁에 상위보살이니라
億那由他不可說劫 尚爲菩薩

우어과거불가사의아승지겁에 시세유불하시되
又於過去不可思議阿僧祇劫 時世有佛

호왈각화정자재왕여래러시니 피불수명은 사백
號曰覺華定自在王如來 彼佛壽命 四百

천만억아승지겁이라 千萬億阿僧祇劫 像法之中 상법지중에 有一婆羅門 유일바라문

녀하니 女 宿福深厚 衆所欽敬 行住坐臥 제천이 위호하더니 諸天衛護 其母信邪 常輕三寶 에 중소흠경이며 행주좌와와

숙복이 심후하여 중소흠경이며 행주좌와와

기모신사하여 상경삼보어늘 其母信邪 常輕三寶 令生正見 에

시시성녀광설방편하여 是時聖女廣說方便 勸喩其母 권유기모하여 영생정견

이차녀모는 미전생신이러니 是而此女母 未全信 不久命終 불구명종하여 혼

신이 타재무간지옥하니라 神墮在無間地獄 時 시에 婆羅門女知母在 바라문녀지모재

세에 **불신인과**라 **계당수업**하여 **필생악취**라하고

世 不信因果 計當隨業 必生惡趣

수매가택하여 **광구향화**와 **급제공구**하여 **어선불**

遂賣家宅 廣求香華 及諸供具 於先佛

탑사에 **대흥공양**이다가 **견각화정자재왕여래**하니

塔寺 大興供養 見覺華定自在王如來

기형상이 **재일사중**하되 **소화위용**이 **단엄필비**

其形像 在一寺中 塑畫威容 端嚴畢備

어늘 **시**에 **바라문녀첨례존용**하고 **배생경앙**하여

時 婆羅門女瞻禮尊容 倍生敬仰

사자념언하되 **불명대각**이라 **구일체지**시니 **약재**

私自念言 佛名大覺 具一切智 若在

세시런들 **아모사후**에 **당래문불**이면 **필지처소**리
世時 我母死後 當來問佛 必知處所

라하고 **시**에 **바라문녀수읍양구**하며 **첨련여래**하시
時 婆羅門女垂泣良久 勿至悲哀 瞻戀如來 我

더니
忽聞空中聲曰泣者聖女

홀문공중성왈읍자성녀여 **물지비애**하라 **아**

금시여모지거처하리라 **바라문녀합장향공**하며 **아**
今示汝母之去處 婆羅門女合掌向空 我自失

이백공왈시하신덕이건대 **관아우려**이니까 **아자실**
而白空日是何神德 寬我憂慮 我自失

모이래로 **주야억연**하되 **무처가문지모생계**하이다
母已來 晝夜億戀 無處可問知母生界

28

시에 **공중유성**하여 **재보녀왈아시여소첨례자**의
時 空中有聲 再報女曰我是汝所瞻禮者

과거각화정자재왕여래러니 **견여억모배어상**
過去覺華定自在王如來 見汝憶母倍於常

정중생지분일새 **고래고시**하노라 **바라문녀문차**
情衆生之分 故來告示 婆羅門女聞此

성이하고 **거신자박**하여 **지절개손**커늘 **좌우부시**
聲已 舉身自撲 支節皆損 左右扶侍

하니 **양구방소**하여 **이백공활원불자민**하사 **속설**
良久方蘇 而白空曰願佛慈愍 速說

아모생계하소서 **아금**에 **신심**이 **장사불구**로소이다
我母生界 我今 身心 將死不久

시에 **각화정자재왕여래** 가 **고성녀왈** 여공양

時 覺華定自在王如來 가 告聖女曰 汝供養

필하고 **단조반사**하여 **단좌사유오지명호** 하면 즉

畢하고 但早返舍 端坐思惟吾之名號 하면 卽

당지모소생거처 하리라 시에 **바라문녀심례불이**

當知母所生去處 時 婆羅門女尋禮佛已

하고 **즉귀기사** 하여 **이억모고** 로 **단좌념각화정자**

卽歸其舍 以憶母故 端坐念覺華定

재왕여래 하되 **경일일야** 러니 **홀견자신** 이 **도일**

在王如來 經一日一夜 忽見自身 到一

해변하니 **기수용비** 하고 **다제악수** 하되 **진부철신**

海邊 其水湧沸 多諸惡獸 盡復鐵身

으로 비주해상하여 동서치축커든 견제남자여인
飛走海上　東西馳逐　見諸男子女人

백천만수출몰해중타가 피제악수의 쟁취식담하며
百千萬數出沒海中　被諸惡獸　爭取食噉

우견야차기형이 각이하되 혹다수다안이며 다족
又見夜叉其形　各異　或多手多眼　多足

다두라 구아외출하되 이인여구하여 구제죄인하여
多頭　口牙外出　利刃如鉤　驅諸罪人

사근악수하며 부자박촉하여 두족상취커든 기형이
使近惡獸　復自搏攫　頭足相就　其形

만류라 불감구시일러라 시에 바라문녀는 이념불
萬類　不敢久視　時　婆羅門女　以念佛

력고로 자연무구러니 유일귀왕하되 명왈무독이라
力故 自然無懼 有一鬼王 名曰無毒

계수래영하며 백성녀왈선재라 보살은 하연으로
稽首來迎 白聖女曰善哉 菩薩 何緣

내차이니까 시에 바라문녀문귀왕왈차시하처이니까
來此 時 婆羅門女問鬼王曰此是何處

무독이 답왈차시대에 철위산서면제일중해니라
無毒 答曰此是大 鐵圍山西面第一重海

성녀문왈아문철위지내에 지옥재중이라더니 시
聖女問曰我聞鐵圍之內 地獄在中 是

사실부이니까 무독이 답왈실유지옥이니라 성녀문
事實不 無毒 答曰實有地獄 聖女問

왈아금운하(日我今云何)로 득도옥소(得到獄所)이니까 무독(無毒)이 답왈(答曰) 약비(若非)

위신(威神)이면 즉수업력(即須業力)이리니 비차이사(非此二事)면 종불능도(終不能到)

니다 성녀우문(聖女又問)하되 차수(此水)는 하연(何緣)으로 이내용비(而乃湧沸)하며

다제죄인(多諸罪人)과 급이악수(及以惡獸)이니까 무독(無毒)이 답왈(答曰) 차시염(此是閻)

부제조악중생(浮提造惡衆生)의 신사지자(新死之者)로 경사십구일(經四十九日)하되 무(無)

인계사위작공덕(人繼嗣爲作功德)하여 구발고난(救拔苦難)하며 생시(生時)에 우무(又無)

선인일새 당거본업소감지옥하여 자연선도차해
善因 當據本業所感地獄 自然先度此海

하며 해동십만유순에 우유일해하되 기고배차하
海東十萬由旬 又有一海 其苦倍此

고 피해지동에 우유일해하되 기고부배라 삼업
彼海之東 又有一海 其苦復倍 三業

악인지소감일새 공호업해하니 기처시야니다 성
惡因之所招感 共號業海 其處是也 聖

녀우문귀왕무독활지옥은 하재이니까 무독이 답
女又問鬼王無毒曰地獄 何在 無毒 答

활삼해지내시대지옥이라 기수백천이로되 각각
日三海之內是大地獄 其數百千 各各

34

차별하니 **소위대자**는 **구유십팔**하고 **차유오백**하되
差別 所謂大者 其有十八 次有五百

고독이 **무량**이며 **차유천백**하되 **역무량고**이니다
苦毒 無量 次有千百 亦無量苦

성녀우문대귀왕왈아모사래미구이오니 **부지**커이
聖女又問大鬼王曰我母死來未久 不知

다 **혼신**이 **당지하취**니이까 **귀왕**이 **문성녀왈보살**
魂神 當至何趣 鬼王 問聖女曰菩薩

지모는 **재생**에 **습하행업**입니까 **성녀답왈아모사**
之母 在生 習何行業 聖女答曰我母邪

견하여 **기훼삼보**하며 **설혹잠신**하여도 **선우불경**하
見 譏毀三寶 設或暫信 旋又不敬

35

더니 **사수일천**이나 **미지하처**니다 **무독**이 **문왈보**

死雖日淺　未知何處　無毒　問曰菩

살지모는 **성씨하등**입니까 **성녀답왈아부아모**는 **열**

薩之母　姓氏何等　聖女答曰我父我母

구바라문종이니 **부호**는 **시라선견**이요 **모호**는 **열**

俱婆羅門種　父號　尸羅善見　母號　悅

제리입니다 **무독**이 **합장**하고 **계보살왈원성자**는 **각**

帝利　無毒　合掌　啓菩薩曰願聖者　却

반본처하사 **무지우억비연**하소서 **열제리죄녀생**

返本處　無至憂憶悲戀　悅帝利罪女生

천이래로 **경금삼일**이니다 **운승효순지자위모**

天以來　經今三日　云承孝順之子爲母

설공수복_{하되} 보시각화정자재왕여래탑사_{하니}

設供修福　　布施覺華定自在王如來塔寺

비유보살지모득탈지옥_{이라} 응시무간_에 차일

非唯菩薩之母得脫地獄　　應是無間　此日

죄인_은 실득수락_{하여} 구동생을_{이니다} 귀왕_이 언

罪人　悉得受樂　俱同生訖　鬼王言

필_에 합장이퇴_{커늘} 바라문녀심여몽귀_{하여} 오

畢　合掌而退　婆羅門女尋如夢歸　悟

차사이_{하고} 변어각화정자재왕여래탑상지전_에

此事已　便於覺華定自在王如來塔像之前

입홍서원_{하되} 원아진미래겁_{토록} 응유죄고중생

立弘誓願　願我盡未來劫　應有罪苦眾生

을 廣說方便하여 **사령해탈**케하리라하니라 佛告文殊

師利하시되 **사리**하시되 時鬼王無毒者 **시귀왕무독자**는 當今財首菩薩이 **당금재수보살**이 是 **시**

요 婆羅門女者 **바라문녀자**는 卽地藏菩薩이 **즉지장보살**이 是 **시**니라

제이 분신집회품

第二 分身集會品

爾時에 **이시**에 百千萬億不可思不可議不可量不可 **백천만억불가사불가의불가량불가**

38

설무량아승지세계소유지옥처에 분신지장보

說無量阿僧祇世界所有地獄處에 分身地藏菩

살이 구래집재도리천궁이러시니 이여래신력고

薩 俱來集在忉利天宮이러시니 以如來神力故

로 각이방면에 여제득해탈하여 종업도출자역

로 各以方面에 與諸得解脫 從業道出者亦

각유천만억나유타수라 공지향화하여 내공양불

各有千萬億那由他數 共持香華 來供養佛

하시옵더니 피제동래등배는 개인지장보살교화하

彼諸同來等輩는 皆因地藏菩薩敎化하

시어 영불퇴전어아뇩다라삼먁삼보리라 시제중

永不退轉於阿耨多羅三藐三菩提라 是諸衆

39

등이 구원겁래로 유랑생사하여 육도수고에 잠
等 久遠劫來 流浪生死 六道受苦 暫

무휴식이라가 이지장보살의 광대자비심서원고
無休息 以地藏菩薩 廣大慈悲深誓願故

로 각획과증이라 기지도리하여 심회용약하여 첨
各獲果證 既至忉利 心懷踊躍 瞻

앙여래하여 목불잠사러니
仰如來 目不暫捨

이시에 세존이 서금색비하시어 마백천만억불가
爾時 世尊 舒金色臂 摩百千萬億不可

사불가의 불가량 불가설 무량아승지세계
思不可議 不可量 不可說 無量阿僧祇世界

諸分身地藏菩薩摩訶薩頂하시고

제분신지장보살마하살정하시고 이작시언하시되 而作是言

吾於五濁惡世에 教化如是剛强衆生하여 令心

오어오탁악세에 교화여시강강중생하여 영심

調伏하여 捨邪歸正하되 十有一二는 尙在惡習

조복하여 사사귀정하되 십유일이는 상재악습

일새 吾亦分身千百億하여 廣說方便하니라 或有

오역분신천백억하여 광설방편하니라 혹유

利根은 聞卽信受하고 或有善果는 勤勸成就하며

이근은 문즉신수하고 혹유선과는 근권성취하며

或有暗鈍은 久化方歸하고 或有業重은 不生敬

혹유암둔은 구화방귀하고 혹유업중은 불생경

앙이라 여시등배중생이 각각차별일새 분신도
<small>仰 如是等輩衆生 各各差別 分身度</small>

탈하되 혹현남자신하며 혹현여인신하며 혹현천
<small>脫 或現男子身 或現女人身 或現天</small>

룡신하며 혹현신귀신하며 혹현산림천원과 하
<small>龍身 或現神鬼身 或現山林川源과 河</small>

지천정하여 이급어인하여 실개도탈하며 혹현
<small>池泉井 利及於人 悉皆度脫 或現</small>

제석신하며 혹현범왕신하며 혹현전륜왕신하며
<small>帝釋身 或現梵王身 或現轉輪王身</small>

혹현거사신하며 혹현국왕신하며 혹현재보신
<small>或現居士身 或現國王身 或現宰輔身</small>

하며 **혹현관속신**하며 _{或現官屬身} **혹현비구비구니우바새우** _{或現比丘比丘尼優婆塞優}

바이신과 _{婆夷身} **내지성문나한** _{乃至聲聞羅漢} **벽지불보살등신**하여 _{辟支佛菩薩等身}

이이화도하노니 _{而以化度} **비단불신**으로 _{非但佛身} **독현기신**이니라 _{獨現其身} **여** _汝

관오누겁에 _{觀吾累劫} **근고도탈여시등** _{勤苦度脫如是等} **난화강강**한 _{難化剛強} **죄** _罪

고중생하여 _{苦衆生} **기유미조복자수업보응**하여 _{其有未調伏者隨業報應} **약타악** _{若墮惡}

취하여 _趣 **수대고시**어든 _{受大苦時} **여당억념오재도리천궁**하여 _{汝當憶念吾在忉利天宮}

43

은근부촉하여 영사바세계로 지미륵출세이래

慇懃付囑 令娑婆世界 至彌勒出世已來

중생이 실사해탈하여 영리제고하고 우불수기

衆生 悉使解脫 永離諸苦 遇佛授記

케하라 이시에 제세계화신지장보살이 공복일

爾時 諸世界化身地藏菩薩 共復一

형하여 체루애연하여 이백불언하되 아종구원

形 涕淚哀戀 而白佛言 我從久遠

겁래로 몽불접인하여 사획불가사의신력하여

劫來 蒙佛接引 使獲不可思議神力

구대지혜일새 아소분신이 변만백천만억항하

具大智慧 我所分身 遍滿百千萬億恒河

44

사세계 하여 매일세계에 화백천만억신 하고 매일

沙世界　每一世界　化百千萬億身

화신에 도백천만억인 하여 영귀경삼보 하며 영리

化身　度百千萬億人　令歸敬三寶　永離

생사 하여 지열반락 케하되 단어불법중소위선사에

生死　至涅槃樂　但於佛法中所爲善事

일모일적 이며 일사일진 이며 혹호발허 하되 아점

一毛一滴　一沙一塵　或毫髮許　我漸

도탈 하여 사획대리 케하리니 유원세존 이시여 불이

度脫　使獲大利　唯願世尊　不以

후세악업중생 으로 위려 하소서 여시삼백불언 하되

後世惡業衆生　爲慮　如是三白佛言

유원세존이시여 불이후세악업중생으로 위려하소서
唯願世尊 不以後世惡業衆生 爲慮

이시에 불이 찬지장보살언하시되 선재선재라 오
爾時 佛 讚地藏菩薩言 善哉善哉 吾

조여희하노라 여능성취구원겁래로 발홍서원하여
助汝喜 汝能成就久遠劫來 發弘誓願

광도장필하고 즉증보리케하라
廣度將畢 卽證菩提

제삼 관중생업연품
第三 觀衆生業緣品

46

이시에 불모마야부인이 공경합장하사 문지

爾時 佛母摩耶夫人 恭敬合掌 問地

장보살언하시되 성자여 염부중생의 조업차별과

藏菩薩言 聖者 閻浮衆生 造業差別

소수보응은 기사운하닛고 지장이 답언하시되 천

所受報應 其事云何 地藏 答言 千

만세계와 내급국토에 혹유지옥하며 혹무지옥

萬世界 乃及國土 或有地獄 或無地獄

하며 혹유여인하며 혹무여인하며 혹유불법하며

或有女人 或無女人 或有佛法

혹무불법하며 내지성문벽지불도 역부여시하니

或無佛法 乃至聲聞辟支佛 亦復如是

47

비단지옥죄보일등이니다
非但地獄罪報一等

마야부인이 중백보살하시되 차원문어염부죄보로
摩耶夫人 重白菩薩 且願聞於閻浮罪報

소감악취하나이다 지장이 답언하시되 성모시여 유
所感惡趣 地藏 答言 聖母 唯

원청수하소서 아조설지하리이다 불모백언하시되 원
願聽受 我粗說之 佛母白言 願

성자는 설하소서
聖者 說

이시에 지장보살이 백성모언하시되 남염부제의
爾時 地藏菩薩 白聖母言 南閻浮提

48

죄보명호는 여시니이다 약유중생이 불효부모하고

罪報名號 如是 若有衆生 不孝父母

혹지살생하면 당타무간지옥하여 천만억겁에 구

或至殺生 當墮無間地獄 千萬億劫 求

출무기하며 약유중생이 출불신혈커나 훼방삼보

出無期 若有衆生 出佛身血 毀謗三寶

하고 불경존경하면 역당타어무간지옥하여 천만

不敬尊經 亦當墮於無間地獄 千萬

억겁에 구출무기하며 약유중생이 침손상주커나

億劫 求出無期 若有衆生 侵損常住

점오승니하며 혹가람내에 자행음욕커나 혹살혹해

點汚僧尼 或伽藍內 恣行淫慾 或殺或害

하면 **여시등배**는 **당타무간지옥**하여 **천만억겁구**
如是等輩 當墮無間地獄 千萬億劫求

출무기 하며 **약유중생**이 **위작사문**하되 **심비사**
出無期 若有衆生 爲作沙門 心非沙

문이라 **파용상주**하고 **기광백의**하며 **위배계율**하고 **천**
門 破用常住 欺狂白衣 違背戒律 千

종종조악하면 **여시등배**는 **당타무간지옥**하여 **천**
種種造惡 如是等輩 當墮無間地獄

만억겁에 **구출무기**하며 **약유중생**이 **투절상주**하되
萬億劫 求出無期 若有衆生 偷竊常住

재물곡미와 **음식의복**에 **내지일물**이나 **불여취**
財物穀米 飲食衣服 乃至一物 不與取

자는 **당타무간지옥**하여 **천만억겁**에 **구출무기**하나
者 當墮無間地獄 千萬億劫 求出無期

이다 **지장**이 **백언**하되 **성모**시여 **약유중생**이 **작여**
地藏 白言 聖母 若有衆生 作如

시죄하면 **당타오무간지옥**하여 **구잠정고**하여도 **일**
是罪 當墮五無間地獄 求暫停苦 一

념부득이리라
念不得

마야부인이 **중백지장보살언**하시되 **운하명위무**
摩耶夫人 重白地藏菩薩言 云何名爲無

간지옥이니까 **지장**이 **백언**하되 **성모**시여 **제유지**
間地獄 地藏 白言 聖母 諸有地

獄在 大鐵圍山之內 其大地獄 有一十八

옥재 대철위산지내하되 기대지옥은 유일십팔

小 次有五百 名號各別 次有千百

소요 차유오백하되 명호각별하며 차유천백하되

名字各別 無間獄者 其獄城 周匝八

명자각별커니와 무간옥자는 기옥성이 주잡팔하되

萬餘里 其城 純鐵 高 一萬里 城

만여리요 기성이 순철이며 고는 일만리요 성

上 火聚少有空闕 其獄城中 諸獄 相

상 화취소유공궐하며 기옥성중에 제옥이 상

連 名號各別 獨有一獄 名曰無間

련하되 명호각별이나 독유일옥이 명왈무간이니

52

기옥은 주잡만팔천리요 옥장고는 일천리로되
其獄 周匝萬八千里 獄墻高 一千里

실시철위라 상화철하하고 하화철상하며 철사철
悉是鐵圍 上火徹下 下火徹上 鐵蛇鐵

구토화치축하되 옥장지상에 동서이주하며 옥중
狗吐火馳逐 獄墻之上 東西而走 獄中

에 유상하되 변만만리어든 일인이 수죄하되 자견
有床 遍滿萬里 一人 受罪 自見

기신이 편와만상하고 천만인이 수죄하되 역각
其身 偏臥滿床 千萬人 受罪 亦各

자견신만상상하나니 중업소감으로 획보여시하며
自見身滿床上 衆業所感 獲報如是

우제죄인이 비수중고할새 천백야차와 급이악

又諸罪人 備受衆苦 千百夜叉 及以惡

귀구아여검하고 안여전광하며 수부동조로 추장

鬼口牙如劍 眼如電光 手復銅爪 抽腸

좌참하며 부유야차는 집대철극하여 중죄인신하되

剉斬 復有夜叉 執大鐵戟 中罪人身 或置

혹중구비하며 혹중복배하며 포공번접하고 혹치

或中口鼻 抛空翻接

상상하며 부유철응은 담죄인목하며 부유철사는

床上 復有鐵鷹 啗罪人目 復有鐵蛇

교죄인수하며 백지절내에 실하장정하며 발설

繳罪人首 百肢節內 悉下長釘 拔舌

54

경려_{耕犁}할새 타예죄인_{拖拽罪人}하며 양동관구_{洋銅灌口}하고 열철전신_{熱鐵纏身}하여

만사만생_{萬死萬生}하나니 업감여시_{業感如是}라 동경억겁_{動經億劫}하여도 구출_{求出}

무기_{無期}하며 차계괴시_{此界壞時}에 기생타계_{寄生他界}하고 타계차괴_{他界次壞}하여

는 전기타방_{轉寄他方}하며 타방괴시_{他方壞時}에는 전전상기_{展轉相寄}라가 차_此

계성후_{界成後}에 환부이래_{還復而來}하나니 무간죄보_{無間罪報}는 기사여시_{其事如是}

니이다 우오사업감_{又五事業感}일새 고칭무간_{故稱無間}이니 하등_{何等}이 위_爲

오요 일자(一者)는 일야수죄(日夜受罪)하여 이지겁수(以至劫數)히 무시간절(無時間絕)

일새 고칭무간(故稱無間)이요 이자(二者)는 일인(一人)이 역만(亦滿)하고 다인(多人)도

역만(亦滿)일새 고칭무간(故稱無間)이요 삼자(三者)는 죄기차봉(罪器叉棒)과 응사(鷹蛇)

낭견(狼犬)과 대마거착(碓磨鉅鑿)과 좌작확탕(剉斫鑊湯)과 철망철승(鐵網鐵繩)과 철

러철마(驢鐵馬)를 생혁(生革)으로 낙수(絡首)하고 열철(熱鐵)로 요신(澆身)하며 기(飢)

탄철환(吞鐵丸)하고 갈음철즙(渴飲鐵汁)하여 종년경겁(終年竟劫)에 수나유타(數那由他)

五

56

라도 苦楚相連
고초상련하여 更無間斷
갱무간단일새 故稱無間
고칭무간이요 四

者
자는 不問男子女人
불문남자여인과 羌胡夷狄
강호이적과 老幼貴賤
노유귀천과

或龍或神
혹룡혹신과 或天或鬼
혹천혹귀하고 罪行業感
죄행업감으로 悉同受
실동수

之
지할새 故稱無間
고칭무간이요 五者
오자는 若墮此獄
약타차옥하면 從初
종초

入時
입시로 至百千劫
지백천겁이 一日一夜
일일일야에 萬死萬生
만사만생하여 求
구

一念間
일념간의 暫住不得
잠주부득이라 除非業盡
제비업진이라사 方得受
방득수

생할것이니 **이차연면**일새 **고칭무간**입니다 **지장보**
生 以此連綿 故稱無間 地藏菩

살이 **백성모언**하시되 **무간지옥**을 **조설여시**이오나
薩 白聖母言 無間地獄 粗說如是

약광설지옥죄기등명과 **급제고사**인대 **일겁지**
若廣說地獄罪器等名 及諸苦事 一劫之

중에 **구설부진**입니다 **마야부인**이 **문이**에 **수우**
中 求說不盡 摩耶夫人 聞已 愁憂

합장하시어 **정례이퇴**하시니라
合掌 頂禮而退

58

제사 염부중생업감품

第四

閻浮衆生業感品

이시에 지장보살마하살이 백불언하사대 세존이

爾時 地藏菩薩摩訶薩 白佛言 世尊

시여 아승불여래위신력고로 변백천만억세계토록

我承佛如來威神力故 遍百千萬億世界

분시신형하여 구발일체업보중생하니 약비여래

分是身形 救拔一切業報衆生 若非如來

대자력고면 즉불능작여시변화이다 아금에 우몽

大慈力故 即不能作如是變化 我今 又蒙

불부촉하시와 지아일다성불이래히 육도중생을 견

佛付囑 至阿逸多成佛已來 六道衆生 遣

령해탈케하리니 유원세존은 원불유려하소서

令解脫　　　　唯願世尊　願不有慮

이시에 불고지장보살하시되 일체중생의 미해탈

爾時 佛告地藏菩薩　一切衆生　未解脫

자는 성식이 무정하여 악습으로 결업하고 선습결

者 性識 無定　惡習　結業　善習結

과하여 위선위악에 축경이생하여 윤전오도하되

果　爲善爲惡　逐境而生　輪轉五道

잠무휴식하며 동경진겁하여 미혹장난하나니 여어

暫無休息　動經塵劫　迷惑障難　如魚

유망에 장시장류라가 탈입잠출하여도 우부조망

遊網　將是長流　脫入暫出　又復遭網

인듯하니 이시등배를 오당우념이러니 여기필시왕

以是等輩 吾當憂念 汝旣畢是往

원누겁중서하여 광도죄배하나니 오부하려 설

願累劫重誓 廣度罪輩 吾復何慮 說

시어시에 회중에 유일보살마하살하되 명은 정

是語時 會中 有一菩薩摩訶薩 名 定

자재왕이라 백불언하시되 세존이시여 지장보살이

自在王 白佛言 世尊 地藏菩薩

누겁이래에 각발하원이건대 금몽세존의 은근찬

累劫以來 各發何願 今蒙世尊 慇懃讚

탄입니까 유원세존은 약이설지하소서

歎 唯願世尊 略而說之

이시에 세존이 고 정자재왕보살하시되 체청체

爾時 世尊 告 定自在王菩薩 諦聽諦

청하여 선사념지하라 오당위여하여 분별해설하리

聽 善思念之 吾當爲汝 分別解說

라 내왕과거 무량아승지나유타 불가설겁에

乃往過去 無量阿僧祇那由他 不可說劫

이시유불하시니 호는 일체지성취여래응공정변

爾時有佛 號 一切智成就如來應供正遍

지명행족 선서세간해무상사조어장부천인사

智明行足 善逝世間解無上士調御丈夫天人師

불세존이시라 기불수명은 육만겁이니 미출가시

佛世尊 其佛壽命 六萬劫 未出家時

62

에 **위소국왕**하여 **여일인국왕**으로 **위우**하시어 **동**
爲小國王 與一隣國王 爲友 同

행십선하여 **요익중생**하더니 **기인국내**에 **소유인**
行十善 饒益衆生 其隣國內 所有人

민이 **다조중악**커늘 **이왕**이 **의계**하고 **광설방편**
民 多造衆惡 二王 議計 廣說方便

할새 **일왕**은 **발원**하여 **조성불도**하여 **광도시배**하여
一王 發願 早成佛道 廣度是輩

영사무여케하리라 **일왕**은 **발원**하되 **약불선도죄고**
令使無餘 一王 發願 若不先度罪苦

하여 **영시안락**하여 **득지보리**하면 **아종미원성불**
令是安樂 得至菩提 我終未願成佛

63

이라하니라 불고 정자재왕보살하시되 일왕은 발

佛告 定自在王菩薩 一王 發

원하여 조성불자는 즉일체지성취여래시요 일

願 早成佛者 卽一切智成就如來 是 一

왕은 발원하되 영도죄고중생하고 미원성불자는

王 發願 永度罪苦衆生 未願成佛者

즉지장보살이 시니라 부어과거무량아승지겁에

卽地藏菩薩 是 復於過去無量阿僧祇劫

유불출세하더니 명은 청정연화목여래시라 기

有佛出世 名 清淨蓮華目如來 其

불수명은 사십겁이니라 상법지중에 유일나한

佛壽命 四十劫 像法之中 有一羅漢

64

하여 **복도중생**할새 福度衆生 **인차교화**라가 因次教化 **우일여인**하니 遇一女人 **자** 字

日光目 **활광목**이라 設食供養 **설식공양**커늘 羅漢 **나한**이 問之 **문지**하되 欲願 **욕원**

何等 **하등**인고 光目 **광목**이 答言 **답언**하되 我以母亡之日 **아이모망지일**에 資 **자**

福救拔 **복구발**하되 未知我母生處何趣 **미지아모생처하취**니다 羅漢 **나한**이 愍之 **민지**

하사 爲入定觀 **위입정관**하여 見光目女母 **견광목여모**하니 墮在惡趣 **타재악취**하여

受極大苦 **수극대고**어늘 羅漢 **나한**이 問光目言 **문광목언**하되 汝母在生 **여모재생**에

作何行業 작하행업이건대 今在惡趣受極大苦 금재악취수극대고요 光目 광목이 答 답

日我母所習 왈아모소습은 唯好食噉魚鼈之屬 유호식담어별지속하며 所食魚 소식어

鼈 별에 多食其子 다식기자하되 或炒或煮 혹초혹자하여 恣情食噉 자정식담하더니

計其命數 계기명수하면 千萬復倍 천만부배니다 尊者 존자는 慈愍 자민하시어

如何哀救 여하애구하소서 羅漢 나한이 愍之 민지하여 爲作方便 위작방편하사

勸光目言 권광목언하되 汝可志誠 여가지성으로 念清淨蓮華目如 염청정연화목여

來

래하고 겸소화형상(兼塑畫形像)하면 존망(存亡)이 획보(獲報)하리라 광목(光目)

聞已

이 문이하고 즉사소애(卽捨所愛)하여 심화불상(尋畫佛像)하여 이공양(而供養)

復恭敬心

지(之)하고 부공경심으로 비읍첨례(悲泣瞻禮)하더니 홀어야후(忽於夜後)에

夢見佛身 金色晃耀 如須彌山 放大

몽견불신하니 금색황요하여 여수미산하시며 방대

光明

광명하시고 이고광목(而告光目)하시되 여모불구(汝母不久)하여 당생여가(當生汝家)

汝母不久 當生汝家

재각기한(纔覺飢寒)이면 즉당언설(卽當言說)하리라하시더니 기후(其後)가

纔覺飢寒 卽當言說 其後家

67

내에 **비생일자**하니 **미만삼일** 而乃言說 **이내언설**하여 **계**
內 婢生一子 未滿三日 에 하여

수비읍하여 **고어광목**하되 **생사업연**으로 **과보자수**
首悲泣 告於光目 生死業緣 果報自受
라

오시여모로니 **구처암명**하여 **자별여거**로 **누타**
吾是汝母 久處暗冥 自別汝去 累墮

대지옥이러니 **금몽복력**하여 **당득수생**이나 **위하천**
大地獄 今蒙福力 當得受生 爲下賤

인이요 **우부단명**이라 **수년십삼**에 **갱락악도**하리니
人 又復短命 壽年十三 更落惡道

여유하계하여 **영오탈면**고 **광목**이 **문설**하고 **지모**
汝有何計 令吾脫免 光目 聞說 知母

무의

무의 하여 **경열비제** 하며 이백비자 하되 **기시아모**

無疑　硬咽悲啼　而白婢子　既是我母

인대 **합지본죄** 하리니 **작하행업** 하여 **타어악도** 잇가

合知本罪　作何行業　墮於惡道

비자답언 하되 **이살해훼매이업수보** 호라 **약비몽**

婢子答言　以殺害毀罵二業受報　若非蒙

복 하여 **구발오난** 이면 **이시업고** 로 **미합해탈** 하리라

福　救拔吾難　以是業故　未合解脫

광목이 **문언** 하되 **지옥죄보기사운하** 잇가 **비자답**

光目問言　地獄罪報其事云何　婢子答

언 하되 **죄고지사** 는 **불인칭설** 이라 **백천세중** 에 **졸**

言　罪苦之事　不忍稱說　百千歲中　卒

백난경이니라 광목이 문이하고 제루호읍하여 이백

공계하되 원아지모영탈지옥하여 필십삼세하곤 갱

무중죄와 급력악도케하시며 시방제불이 자애민아

하사 청아위모하여 소발광대서원하소서 약득아모

영리삼도와 급사하천과 내지여인지신하여 영겁

불수자면 원아자금일후로 대청정연화목여래

상전_{하여} 각후백천만억겁중_에 응유세계_의 소유

像前　却後百千萬億劫中　應有世界　所有

지옥_과 급삼악도제죄고중생_을 서원구발_{하여} 영

地獄　及三惡道諸罪苦衆生　誓願救拔　令

리지옥악취축생아귀등_{하고} 여시죄보등인_이 진

離地獄惡趣畜生餓鬼等　如是罪報等人　盡

성불경연후_{에사} 아방성정각_{하리다하더니} 발서원이_에

成佛竟然後　我方成正覺　發誓願已

구문청정연화목여래지설_{이라} 이고지왈광목_아

具聞清淨蓮華目如來之說　而告之曰光目

여대자민_{으로} 선능위모_{하여} 발여시대원_{일새} 오관

汝大慈愍　善能爲母　發如是大願　吾觀

하니 **여모십삼세필**하면 **사차보이**하고 **생위범지**하여
汝母十三歲畢　捨此報已　生爲梵志

수년백세하고 **과시보후**에는 **당생무우국토**하여 **수**
壽年百歲　過是報後　當生無憂國土　壽

명을 **불가계겁**이라 **후성불과**하여 **광도인천**하되 **수**
命不可計劫　後成佛果　廣度人天　數

여항하사라하였나니라 **불고정자재왕**하시되 **이시**에
如恒河沙　佛告定自在王　爾時

나한이 **복도광목자**는 **즉무진의보살**이시요 **광**
羅漢福度光目者　卽無盡意菩薩　是　光

목모자는 **즉해탈보살**이시요 **광목녀자**는 **즉**
目母者　卽解脫菩薩　是　光目女者　卽

지장보살이 시라 과거구원겁중에 여시자민하여

地藏菩薩 是 過去久遠劫中 如是慈愍 若

발항하사원하시어 광도중생하니라 미래세중에 약

發恒河沙願 廣度衆生 未來世中

유남자여인의 불행선자와 행악자와 내지불신

有男子女人 不行善者 行惡者 乃至不信

인과자와 사음망어자와 양설악구자와 훼방대승

因果者 邪淫妄語者 兩舌惡口者 毁謗大乘

자인 여시제업중생은 필타악취하리니 약우선지

者 如是諸業衆生 必墮惡趣 若遇善知

식하여 권령일탄지간이라도 귀의지장보살하게하면

識 勸令一彈指間 歸依地藏菩薩

시제중생이 즉득해탈삼악도보하리니 약능지심
是諸衆生 即得解脫三惡道報 若能至心

귀경하며 급첨례찬탄하고 향화의복과 종종진보와
歸敬 及瞻禮讚歎 香華衣服 種種珍寶

혹부음식으로 여시봉사자는 미래백천만억겁중에
或復飲食 如是奉事者 未來百千萬億劫中

상재제천하여 수승묘락하리니 약천복진하여 하생
常在諸天 受勝妙樂 若天福盡 下生

인간이라도 유백천겁을 상위제왕하여 능억숙명인
人間 猶百千劫 常爲帝王 能憶宿命因

과본말하리라 정자재왕아 여시지장보살이 유여차
果本末 定自在王 如是地藏菩薩 有如此

불**가사의대위신력**하여 **광리중생**하나니 **여등제보**
不可思議大威神力　廣利衆生　汝等諸菩

살은 **당기시경**하여 **광선유포**하라 **정자재왕**이 **백**
薩　當記是經　廣宣流布　定自在王　白

불언하시되 **세존**이시여 **원불유려**하소서 **아등천만**
佛言　世尊　願不有慮　我等千萬

억보살마하살이 **필능승불위신**하사 **광연시경**하
億菩薩摩訶薩　必能承佛威神　廣演是經

여 **어염부제**에 **이익중생**하리이다 **정자재왕보살**
於閻浮提　利益衆生　定自在王菩薩

이 **백세존이**하시고 **합장공경**하시며 **작례이퇴**하니라
白世尊已　合掌恭敬　作禮而退

75

이시에 사방천왕이 구종좌기하여 합장공경하고
爾時 四方天王 俱從座起 合掌恭敬

백불언하시되 세존이시여 지장보살이 어구원겁래에
白佛言 世尊 地藏菩薩 於久遠劫來

발여시대원하되 운하지금에 유도미절하여 갱발
發如是大願 云何至今 猶度未絕 更發

광대서원하시나이까 유원세존이시여 위아등설하소서
廣大誓願 唯願世尊 爲我等說

불고사천왕하시되 선재선재라 오금에 위여급미
佛告四天王 善哉善哉 吾今 爲汝及未

래현재천인중등하여 광리익고로 설지장보살이
來現在天人衆等 廣利益故 說地藏菩薩

어사바세계염부제내생사도중에 **자애구발**하여
於娑婆世界閻浮提內生死道中　慈哀救拔

도탈일체죄고중생하는 **방편지사**하리라 **사천왕**이
度脫一切罪苦衆生　方便之事　四天王

언하시되 **유연세존**이시여 **원요욕문**하나이다 **불고사**
言　唯然世尊　願樂欲聞　佛告四

천왕하시되 **지장보살**이 **구원겁래**로 **흘지우금**히
天王　地藏菩薩　久遠劫來　迄至于今

도탈중생하되 **유미필원**하여 **자민차세죄고중생**
度脫衆生　猶未畢願　慈愍此世罪苦衆生

하며 **다관미래무량겁중**에 **인만부단**일새 **이시지**
多觀未來無量劫中　因蔓不斷　以是之

77

故로 又發重願하나니 如是菩薩 於娑婆世界閻

고로 우발중원하나니 여시보살은 어사바세계염

浮提中 百千萬億方便 而爲敎化

부제중에 백천만억방편으로 이위교화하나니라 四 사

天王 地藏菩薩 若遇殺生者 說宿殃短

천왕아 지장보살이 약우살생자하면 설숙앙단

命報 若遇竊盜者 說貧窮苦楚報 若遇

명보하고 약우절도자하면 설빈궁고초보하고 약우

邪淫者 說雀鴿鴛鴦報 若遇惡口者 說

사음자하면 설작합원앙보하고 약우악구자하면 설

眷屬鬪諍報 若遇毀謗者 說無舌瘡口報

권속투쟁보하고 약우훼방자하면 설무설창구보

78

하고
若遇瞋恚者
說醜陋癃殘報
若遇慳悋

약우진에자 하면 설추루융잔보 하고 약우간린

者 하면
說所求違願報
若遇飲食無度者 說

자 하면 설소구위원보 하고 약우음식무도자 하면 설

飢渴咽病報
若遇佃獵恣情者 說驚狂喪

기갈인병보 하고 약우전렵자정자 하면 설경광상

命報
若遇悖逆父母者 說天地災殺報

명보 하고 약우패역부모자 하면 설천지재살보

若遇燒山林木者 說狂迷取死報

약우소산림목자 하면 설광미취사보 하고 약우전

後父母惡毒者 說返生鞭撻現受報

후부모악독자 하면 설반생편달현수보 하고 약우

網捕生雛者

망포생추자 하면 설골육분리보 하고

說骨肉分離報　若遇毀謗三寶者

약우훼방삼보자 하면 설맹농음아보 하고

說盲聾瘖瘂報　若遇輕法慢教者

약우경법만교자 하면 설영처악도보 하고

說永處惡道報　若遇破用常住者

약우파용상주자 하면 설억겁윤회지옥보 하고

說億劫輪廻地獄報　若遇汚梵誣僧者

약우오범무승자 하면 설영재축생보 하고

說永在畜生報　若遇湯火斬斫傷生者

약우탕화참작상생자 하면 설윤회체상보 하고

說輪廻遞償報　若遇破戒犯齋者

약우파계범재자 하면 설금수기아보 하고

說禽獸飢餓報

약우비리훼용자하면 설소구궐절보하고 약우오
若遇非理毀用者 說所求闕絕報 若遇吾

아공고자하면 설비사하천보하고 약우양설투란자
我貢高者 說卑使下賤報 若遇兩舌鬪亂者
하면 설무설백설보하고 약우사견자하면 설변지
說無舌百舌報 若遇邪見者 說邊地

수생보하나니 여시등염부제중생의 신구의업악
受生報 如是等閻浮提衆生 身口意業惡

습결과로 백천보응을 금조약설하나니 여시등염
習結果 百千報應 今麤略說 如是等閻

부제중생의 업감차별을 지장보살이 백천방편으로
浮提衆生 業感差別 地藏菩薩 百千方便

이교화지언마는 而敎化之 시제중생이 是諸衆生 선수여시등보하고 先受如是等報

후타지옥하여 後墮地獄 동경겁수하되 動經劫數 무유출기하나니 無有出期 시고 是故

로 여등은 汝等 호인호국하여 護人護國 무령시제중업으로 無令是諸衆業 미혹 迷惑

중생케하라 衆生 사천왕이 四天王 문이에 聞已 체루비탄하시고 涕淚悲歡 합장 合掌

이퇴하니라 而退

이시에 **보현보살마하살**이 **백지장보살언**하시되

爾時 普賢菩薩摩訶薩 白地藏菩薩言

인자여 **원위천룡팔부**와 **급미래현재일체중생**하

仁者 願爲天龍八部 及未來現在一切衆生

시어 **설사바세계**와 **급염부제죄고중생**의 **소수보**

說娑婆世界 及閻浮提罪苦衆生 所受報

처지옥명호와 **급악보등사**하시어 **사미래세말법**

處地獄名號 及惡報等事 使未來世末法

중생으로 **지시과보**케하소서 **지장**이 **답언**하시되 **인자**

衆生 知是果報 地藏 答言 仁者

여 아금에 승불위신과 급대사지력하여 약설지옥
我 今 承佛威神 及大士之力 略說地獄

명호와 급죄보지사하리이다 인자여 염부제동방에
名號 及罪報之事 仁者 閻浮提東方

유산하되 호왈철위니 기산이 흑수하여 무일월광
有山 號曰鐵圍 其山 黑邃 無日月光

하고 유대지옥하되 호를 극무간이요 우유지옥하되
有大地獄 號 極無間 又有地獄

명활대아비요 부유지옥하되 명활사각이요 부유
名曰大阿鼻 復有地獄 名曰四角 復有

지옥하되 명활비도요 부유지옥하되 명활화전이요
地獄 名曰飛刀 復有地獄 名曰火箭

84

부유지옥하되 復有地獄 명왈협산이요 名曰夾山 부유지옥하되 復有地獄 명왈 名曰

통창이요 通槍 부유지옥하되 復有地獄 명왈철거요 名曰鐵車 부유지옥하되 復有地獄

명왈철상이요 名曰鐵床 부유지옥하되 復有地獄 명왈철우요 名曰鐵牛 부유지옥하되 復有地獄

명왈철의요 名曰鐵衣 부유지옥하되 復有地獄 명왈천인이요 名曰千刃 부유 復有

하되 명왈철려요 名曰鐵驢 부유지옥하되 復有地獄 명왈양동이요 名曰洋銅

지옥하되 명왈포주요 名曰抱柱 부유지옥하되 復有地獄 명왈유화 名曰流火

地獄 지옥하되 명왈 名曰 부유지옥하되 復有地獄

85

…요

부유지옥(復有地獄)하되 명왈경설(名曰耕舌)이요 부유지옥(復有地獄)하되 명왈좌수(名曰剉首)요 부유지옥(復有地獄)하되 명왈소각(名曰燒脚)이요 부유지옥(復有地獄)하되 명왈철환(名曰鐵丸)이요 부유지옥(復有地獄)하되 명왈담안(名曰啗眼)이요 부유지옥(復有地獄)하되 명왈쟁론(名曰諍論)이요 부유지옥(復有地獄)하되 명왈철수(名曰鐵銖)요 부유지옥(復有地獄)하되 명왈철수(名曰鐵鈇)요 부유지옥(復有地獄)하되 명왈다진(名曰多瞋)이니다

지장보살(地藏菩薩)이 우언(又言)하시되 인자(仁者)여 철위지내(鐵圍之內)에 유여시등지옥(有如是等地獄)하되 기수무(其數無)…

한이라 갱유규환지옥(更有叫喚地獄)과 발설지옥(拔舌地獄)과 분뇨지옥(糞尿地獄)과 동쇄지옥(銅鎖地獄)과 화상지옥(火象地獄)과 화구지옥(火狗地獄)과 화마지옥(火馬地獄)과 화우지옥(火牛地獄)과 화산지옥(火山地獄)과 화석지옥(火石地獄)과 화상지옥(火床地獄)과 화량지옥(火梁地獄)과 화응지옥(火鷹地獄)과 거아지옥(鉅牙地獄)과 박피지옥(剝皮地獄)과 음혈지옥(飲血地獄)과 소수지옥(燒手地獄)과 소각지옥(燒脚地獄)과 도자지옥(倒刺地獄)과 화옥지옥(火屋地獄)과 철옥지옥(鐵屋地獄)과 화랑지옥(火狼地獄)의 여시등지옥(如是等地獄)

이거든 기중(其中)에 각각부유제소지옥(各各復有諸小地獄)하되 혹일혹이(或一或二)며 혹삼혹사(或三或四)로 내지백천(乃至百千)이 기중명호(其中名號)는 각각부동(各各不同)이니다 지장보살(地藏菩薩)이 우고보현보살언(又告普賢菩薩言)하되 인자(仁者)여 차등(此等)은 개시남염부제행악중생(皆是南閻浮提行惡衆生)의 업감(業感)으로 여시(如是)라 업력(業力)이 심대(甚大)하여 능적수미(能敵須彌)하며 능심거해(能深巨海)하며 능장(能障)성도(聖道)하나니 시고(是故)로 중생(衆生)은 막경소악(莫經小惡)하여 이위무죄(以爲無罪)

사후유보

일지니 **사후유보**하여 **섬호수지**하나니 **부자지친**이라도
死後有報 纖毫受之 父子至親

기로각별하며 **종연상봉**하여도 **무긍대수**니다 **아금**에
岐路各別 縱然相逢 無肯代受 我今

승불위력하시어 **약설지옥죄보지사**하리니 **유원인**
承佛威力 略說地獄罪報之事 惟願仁

자는 **잠청시언**하소서 **보현보살**이 **답언**하시되 **오이**
者 暫聽是言 普賢菩薩 答言 吾以

구지삼악도보나 **망인자설**은 **영후세말법일체**
久知三惡道報 望仁者說 令後世末法一切

악행중생으로 **문인자설**하여 **사령귀향불법**케하나이다
惡行衆生 聞仁者說 使令歸向佛法

地藏菩薩

지장보살이 白言 백언하시되 仁者 인자여 地獄罪報其事如 지옥죄보기사여

是 시하니 或有地獄 혹유지옥은 取罪人舌 취죄인설하여 使牛耕之 사우경지하며

或有地獄 혹유지옥은 取罪人心 취죄인심하여 夜叉食之 야차식지하며 或有地 혹유지

獄 옥은 鑊湯盛沸 확탕성불하여 煮罪人身 자죄인신하며 或有地獄 혹유지옥은 赤 적

燒銅柱 소동주로 使罪人抱 사죄인포하며 或有地獄 혹유지옥은 飛猛火聚 비맹화취

하여 趁及罪人 진급죄인하며 或有地獄 혹유지옥은 一向寒氷 일향한빙이며 或有 혹유

地獄 지옥은 무한분뇨며 無限糞尿 혹유지옥은 或有地獄 비철질려하며 飛鐵嫉鑠

或有地獄 혹유지옥은 다찬화창하며 多攢火槍 혹유지옥은 或有地獄 추당흉배 椎撞胸背

하며 혹유지옥은 或有地獄 구소수족하며 俱燒手足 혹유지옥은 或有地獄 반교 盤繳

철사하며 鐵蛇 혹유지옥은 或有地獄 구축철구하며 驅逐鐵狗 혹유지옥은 或有地獄

진가철려니다 盡駕鐵驢 인자여 仁者 여시등보로 如是等報 각각옥중에 各各獄中

유백천종업도지기하되 有百千種業道之器 무비시동시철이며 無非是銅是鐵 시석 是石

91

시화니 차사종물은 중업행감이니다 약광설지옥
是火 此四種物 衆業行感 若廣 說地獄

죄보등사인대 일일옥중에 갱유백천종고초어든
罪報等事 一一獄中 更有百千種苦楚

하황다옥이리요 아금에 승불위신과 급인자문하여
何況多獄 我今 承佛威神 及仁者問

약설여시어니와 약광해설인대는 궁겁부진이니다
略說如是 若廣解說 窮劫不盡

제육 여래찬탄품
第六 如來讚歎品

이시에 세존이 거신방대광명하사 편조백천만억

爾時 世尊 擧身放大光明 遍照百千萬億

항하사등제불세계하시며 출대음성하사 보고제불

恒河沙等諸佛世界 出大音聲 普告諸佛

세계일체제보살마하살과 급천룡귀신인비인등

世界一切諸菩薩摩訶薩 及天龍鬼神人非人等

하시되 청오금일에 칭양찬탄지장보살마하살이

聽吾今日 稱揚讚歎地藏菩薩摩訶薩

어시방세계에 현대불가사의위신자비지력하여

於十方世界 現大不可思議威神慈悲之力

구호일체죄고지사하고 오멸도후에 여등제보살

救護一切罪苦之事 吾滅度後 汝等諸菩薩

대사와 급천룡귀신등도 광작방편하여 위호시
大士 及天龍鬼神等 廣作方便 衛護是

경하며 영일체중생으로 이일체고하고 증열반락
經 令一切衆生 離一切苦 證涅槃樂

케하라 설시어이시어늘 회중에 유일보살하니 명왈
說是語已 會中 有一菩薩 名曰

보광이라 합장공경하시어 이백불언하시되 금견세
普廣 合掌恭敬 而白佛言 今見世

존이 찬탄지장보살의 유여시불가사의대위신
尊 讚歎地藏菩薩 有如是不可思議大威神

력하시오니 유원세존이시여 위미래세말법중생하사
力 唯願世尊 爲未來世末法衆生

선설지장보살의 **이익인천인과등사**하여 **사제천**

宣說地藏菩薩 利益人天因果等 事 使諸天

룡팔부와 **급미래세중생**으로 **정수불어**케하소서

龍八部 及未來世衆生 頂受佛語

이시에 **세존**이 **고보광보살**과 **급사중등**하시되 **체**

爾時 世尊 告普廣菩薩 及四衆等 諦

청체청하라 **오당위여**하여 **약설지장보살**의 **이익**

聽諦聽 吾當爲汝 略說地藏菩薩 利益

인천복덕지사하리라 **보광**이 **백언**하시되 **유연세존**

人天福德之事 普廣 白言 唯然世尊

이시여 **원요욕문**하나이다 **불고보광보살**하시되 **미래**

願樂欲聞 佛告普廣菩薩 未來

95

세중에 약유선남자선녀인이 문시지장보살마

世中 若有善男子善女人 聞是地藏菩薩摩

訶薩名者 或合掌者 讚歎者 作禮者 戀慕

하살명자와 혹합장자와 찬탄자와 작례자와 연모

자는 시인이 초월삼십겁죄하리라 보광아 약유선

者는 是人 超越三十劫罪 普廣 若有善

남자선녀인이 혹채화형상커나 혹토석교칠과 금

男子善女人 或彩畵形像 或土石膠漆 金

은동철로 작차보살하여 일첨일례자는 시인이 백

銀銅鐵로 作此菩薩 一瞻一禮者는 是人 百

반생어삼십삼천하여 영불타어악도하리니 가여천

返生於三十三天 永不墮於惡道 假如天

복이 **진고**로 **하생인간**이라도 **유위국왕**하여 **불실**
福 盡 故 下生人間 猶爲國王 不失

대리하리라 **약유여인**이 **염여인신**하여 **진심공양지**
大利 若有女人 厭女人身 盡心供養地

장보살화상과 **급토석교칠동철등상**하되 **여시일**
藏菩薩畫像 及土石膠漆銅鐵等像 如是日

일불퇴하여 **상이화향음식**과 **의복증채**와 **당번전**
日不退 常以華香飲食 衣服繒綵 幢幡錢

보등물로 **공양**하면 **시선여인**이 **진차일보여신**하고
寶等物 供養 是善女人 盡此一報女身

백천만겁에 **갱불생유여인세계**어든 **하황부수**
百千萬劫 更不生有女人世界 何況復受

97

여신이리요 제자비원력고로 요수여신하여 도탈

女身 除慈悲願力故 要受女身 度脱

중생하고 승사공양지장보살지력과 급공덕력고

衆生 承斯供養地藏菩薩之力 及功德力故

로 백천만겁에 갱불부수여인지신하리라 부차보

百千萬劫 更不復受女人之身 復次普

광아 약유여인이 염시추루하며 다질병자하여 단

廣 若有女人 厭是醜陋 多疾病者 但

어지장보살상전에 지심첨례식경지간이라도 시

於地藏菩薩像前 至心瞻禮食頃之間 是

인은 천만겁중에 소수생신이 상모원만하고 무제

人 千萬劫中 所受生身 相貌圓滿 無諸

질병하리며 시추루여인이 여불염시여신하면 즉
疾病 是醜陋女人 如不厭是女身 即

백천만억겁생중에 상위왕녀와 내급왕비와 재
百千萬億劫生中 常爲王女 乃及王妃 宰

보대성대장자녀하여 단정수생하고 제상이 원만
輔大姓大長者女 端正受生 諸相圓滿

하리니 유지심고로 첨례지장보살하면 획복여시
由至心故 瞻禮地藏菩薩 獲福如是

하리라 부차보광아 약유선남자선녀인이 능대지
復次普廣 若有善男子善女人 能對地

장보살상전하여 작제기악하며 급가영찬탄하고 향
藏菩薩像前 作諸妓樂 及歌詠讚歎 香

화공양하되 華供養 내지권어일인다인하여도 乃至勸於一人多人 여시등배는 如是等輩

현재세중과 現在世中 급미래세에 及未來世 상득백천귀신이 常得百千鬼神 일야 日夜

위호하여 衛護 불령악사로 不令惡事 첩문기이 輒聞其耳 케함이온 하황친수 何況親受

제횡이리요 諸橫 부차보광아 復次普廣 미래세중에 未來世中 약유악인과 若有惡人 하황친수

급악신악귀견유선남자선여인의 及惡神惡鬼見有善男子善女人 귀경공양찬 歸敬供養讚

탄첨례지장보살형상하고 歎瞻禮地藏菩薩形像 혹망생기훼하며 或妄生譏毁 방무 謗無

100

공덕과 **급이익사**라하여 **혹로치소**커나 **혹배면비**커나
功德 及 利益事 或露齒笑 或背面非

혹권인공비하며 **혹일인비**커나 **혹다인비**커나 **내지**
或勸人共非 或一人非 或多人非 乃至

일념이나 **생기훼자**면 **여시지인**은 **지현겁천불멸**
一念 生譏毀者 如是之人 至賢劫千佛滅

도지후하여도 **기훼죄보**로 **상재아비지옥**하여 **수극**
度之後 譏毀罪報 尚在阿鼻地獄 受極

중죄하리며 **과시겁이**코는 **방수아귀**하며 **우경천겁**
重罪 過是劫已 方受餓鬼 又經千劫

하여 **부수축생**하며 **우경천겁**하여 **방득인신**하나니
復受畜生 又經千劫 方得人身

101

종득인신하여도 빈궁하천하고 제근이 불구하며 다
縱得人身 貧窮下賤 諸根 不具 多

피악업이 내결기신하여 불구지간에 부타악도하리니
被惡業 來結其身 不久之間 復墮惡道

시고로 보광아 기훼타인공양하여도 상획차보어든
是故 普廣 譏毀他人供養 尚獲此報

하황별생악견훼멸이리요 부차보광아 약미래세에
何況別生惡見毀滅 復次普廣 若未來世

유남자여인이 구환상침하여 구생구사호대 요불
有男子女人 久患狀枕 求生求死 了不

가득하며 혹야몽에 악귀내급가친하며 혹유험도
可得 或夜夢 惡鬼乃及家親 或遊險道

하며 **혹다염매매**하여 **공귀신유**하며 **일월세심**하되
<small>或多魘寐魅　共鬼神遊　日月歲深</small>

전부왕채하여 **수중규환**하여 **처참불락자**는 **차개**
<small>轉復尫瘵　睡中叫喚　悽慘不樂者　此皆</small>

시업도론대에 **미정경중**하여 **혹난사수**하며 **혹불**
<small>是業道論對　未定輕重　或難捨壽　或不</small>

득유하여 **남녀속안**이 **불변시사**하나니 **단당대제불**
<small>得愈　男女俗眼　不辯是事　但當對諸佛</small>

보살상전하여 **고성전독차경일편**커나 **혹취병인**의
<small>菩薩像前　高聲轉讀此經一遍　或取病人</small>

가애지물이어나 **혹의복보패**와 **장원사택**을 **대병**
<small>可愛之物　或衣服寶貝　莊園舍宅　對病</small>

인전하여 고성창언하되 아모갑등이 위시병인하여

人前 高聲唱言 我某甲等 爲是病人

대경상전하여 사하되 제등물하되 혹공양경상커나

對經像前 捨 諸等物 或供養經像

혹조불보살형상커나 혹조탑사커나 혹연유등커나

或造佛菩薩形像 或造塔寺 或燃油燈

혹시상주하거나 여시삼백병인하여 견령문지하면

或施常住 如是三白病人 遣令聞知

가령제식이 분산하여 지기진자라도 일일이일삼

假令諸識 分散 至氣盡者 一日二日三

일사일로 내지칠일히 단고성백사하며 고성독

日四日 乃至七日 但高聲白事 高聲讀

104

경하면 **시인**은 **명종지후**에 **숙앙중죄**로 **지우오**
經　是人　命終之後　宿殃重罪　至于五

무간죄라도 **영득해탈**하며 **소수생처**에 **상지숙명**
無間罪　永得解脫　所受生處　常知宿命

하리니 **하황선남자선여인**이 **자서차경**커나 **혹교인**
何況善男子善女人　自書此經　或教人

서하며 **혹자소화보살형상**커나 **내지교인소화**이리요
書　或自塑畫菩薩形像　乃至教人塑畫

소수과보는 **필획대리**하리니 **시고**로 **보광**아 **약견**
所受果報　必獲大利　是故　普廣　若見

유인이 **독송시경**커나 **내지일념**이나 **찬탄시경**하며
有人　讀誦是經　乃至一念　讚歎是經

혹공경시경자어든 或恭敬是經者

여수백천방편으로 권시등인 汝須百千方便 勸是等人

하되 근심막퇴하면 勤心莫退

능득미래현재에 백천만억불 能得未來現在 百千萬億不

가사의공덕하리라 可思議功德

부차보광아 약미래세계에 제중생등이 혹몽혹 復次普廣 若未來世界 諸衆生等 或夢或

매에 견제귀신과 내급제형의 혹비혹제하며 혹 寐 見諸鬼神 乃及諸形 或悲或啼 或

수혹탄하며 혹비혹포하나니 차는 개시일생십생 愁或歎 或悲或怖 此 皆是一生十生

과 **백생천생**의 **과거부모**와 **남녀제매**와 **부처**
百生千生　　過去父母　　男女弟妹　　夫妻

권속이 **재어악취**하여 **미득출리**로되 **무처희망복**
眷屬　　在於惡趣　　未得出離　　無處希望福

력으로 **구발고뇌**일새 **당고숙세골육**하여 **사작방**
力　　救拔苦惱　當告宿世骨肉　　使作方

편하여 **원리악도**하나니 **보광**아 **여이신력**으로 **견**
便　　願離惡道　　普廣　汝以神力　　遣

시권속하여 **영대제불보살상전**하여 **지심**으로 **자**
是眷屬　　令對諸佛菩薩像前　　至心　　自

독차경커나 **혹청인독**하여 **기수삼편**커나 **혹지칠**
讀此經　　或請人讀　　其數三遍　　或至七

遍하면 **여시악도권속**이 **경성**의 **필시편수**하면 **당**

得解脫하여 **내지몽매지중**에 **영불부견**하리라

復次普廣아 **약미래세**에 **유제하천등인**의 **혹노**

或婢 **내지제부자유지인**이 **각지숙업**하고 **요참**

悔者至心瞻禮地藏菩薩形像하여 **내지어일칠일**

中에 念菩薩名하여 **가만만편**하면 **여시등인**은 **진**

차보후천만생중에 상생존귀하여 갱불경력삼악

此報後千萬生中 常生尊貴 更不經歷三惡

도고 하리라 부차보광아 약미래세중염부제내에

道苦 復此普廣 若未來世中閻浮提內

찰리바라문장자거사일체인등과 급이성종족에

刹利婆羅門長者居士一切人等 及異姓種族

유신생자혹남혹녀어든 칠일지중에 조여독송

有新生者或男或女 七日之中 早與讀誦

차불가사의경전하고 갱위염보살명호하되 가만

此不可思議經典 更爲念菩薩名號 可滿

만편하면 시신생자혹남혹녀의 숙유앙보를 변득

萬遍 是新生子或男或女 宿有殃報 便得

109

해탈하여 **안락이양**하고 **수명**이 **증장**하리며 **약시**

解脫　安樂易養　壽命　增長　若是

승복생자면 **전증안락**하며 **급여수명**하리라 **부차**

承福生者　轉增安樂　及與壽命　復次

보광아 **약미래세중생**이 **어월일일팔일**과 **십사**

普廣　若未來世衆生　於月一日八日　十四

일십오일과 **십팔일이십삼**과 **이십사이십팔일**과

日十五日　十八日二十三　二十四二十八日

이십구일내지삼십일인 **시제일등**은 **제죄결집**하

二十九日乃至三十日　是諸日等　諸罪結集

정기경중하나니 **남염부제중생**의 **거지동념**이

定其輕重　南閻浮提衆生　舉止動念

무불시업(無不是業)이며 무불시죄(無不是罪)어든 하황자정(何況恣情)으로 살생(殺生)

절도(竊盜)하며 사음망어(邪淫妄語)하는 백천죄상(百千罪狀)이리요 약능어시(若能於是)

십재지일(十齋之日)에 대불보살(對佛菩薩)과 급제현성상전(及諸賢聖像前)하여 전독(轉讀)

시경일편(是經一遍)하면 동서남북백유순내(東西南北百由旬內)에 무제재난(無諸災難)하며

당차거가(當次居家)에 약장약유(若長若幼)커나 현재미래백천세중(現在未來百千世中)

에 영리악취(永離惡趣)할것이니 능어십재일(能於十齋日)에 매전일편(每轉一遍)하면

111

현세에 **영차거가**로 **무제횡병**하고 **의식**이 **풍일**할
現世 令此居家 無諸橫病 衣食 豐溢

것이니 **시고**로 **보광**아 **당지**하라 **지장보살**이 **유여**
是故 普廣 當知 地藏菩薩 有如

시등불가설백천만억 **대위신력** **이익지사**하니
是等不可說百千萬億 大威神力 利益之事

염부중생이 **어차대사**에 **유대인연**하니 **시제중생**
閻浮衆生 於此大士 有大因緣 是諸衆生

이 **문보살명**커나 **견보살상**커나 **내지문시경삼자**
聞菩薩名 見菩薩像 乃至聞是經三字

오자어나 **혹일게일구자**는 **현재**에 **수묘안락**하며
五字 或一偈一句者 現在 殊妙安樂

112

미래지세백천만생에 상득단정하여 생존귀가하
未來之世百千萬生 常得端正 生尊貴家

리라

이시에 보광보살이 문불여래의 칭양찬탄지장
爾時 普廣菩薩 聞佛如來 稱揚讚歎地藏

보살하시옵고 호궤합장하여 부백불언하시되 세존
菩薩 胡跪合掌 復白佛言 世尊

이시여 아구지시대사의 유여차불가사의신력과
我久知是大士 有如此不可思議神力

급대서원력하옵고 위미래중생하여 견지이익고
及大誓願力 爲未來衆生 遣知利益故

문여래 하옵나니 세존이시여 당하명차경이며 사아

問如來 世尊 當何名此經 使我

로 운하유포 하오리까 유원정수 하나이다 불고보광

云何流布 唯願頂受 佛告普廣

하시되 차경이 범유삼명하니 일명은 지장본원이요

此經 凡有三名 一名 地藏本願

역명지장본행이며 역명지장본서력경이니 연차

亦名地藏本行 亦名地藏本誓力經 緣此

보살이 구원겁래에 발대중원하여 이익중생하나니

亦名地藏本行 久遠劫來 發大重願 利益眾生

菩薩

시고로 여등은 의원유포 하라 보광보살이 문이

是故 汝等 依願流布 普廣菩薩 聞已

114

信受하고 合掌恭敬하시어 作禮而退하니라

지장보살본원경 상권종
地藏菩薩本願經 上券終

한글 지장보살본원경(상)

무비 스님

제1, 도리천에서 신통을 보이다[忉利天宮神通品]

저는 이와 같은 내용들을 보고 들었습니다.

어느날 부처님께서 도리천에서 어머님을 위해 법을 설하시었는데, 이 때에 사방에서 말로는 다 표현할 수 없이 많은 부처님과 훌륭하신 보살님들이 모두 이 곳에 모여 와서 찬탄하기를 "석가모니 부처님께서는 오탁악세(五濁惡世)에서 불가사의한 큰 지혜와 신통한 힘을 나타내시어 억세고 거친[剛强] 중생들을 능히 조복하여 즐거움과 괴로움의 도리를 알게 하신다."라고 하시면서 모두 시자들을 보내와서 세존께 문안을 드리게 하였다.

이 때에 여래께서는 웃음을 머금으시고 백천만억의 큰 광명을 놓으시었다. 이른바 크고 원만한 광명과 큰 자비의 광명과 큰 지혜의 광명과 큰 반야의

광명과 큰 삼매의 광명과 큰 길상의 광명과 큰 복덕의 광명과 큰 공덕의 광명과 크게 귀의하는 광명과 크게 찬탄하는 광명이었다.

이처럼 말로는 다 나타낼 수 없는 많은 광명을 놓으신 뒤에 또한 갖가지의 미묘한 음성을 내시었다. 이른바 단나바라밀의 음성과 시라바라밀의 음성과 찬제바라밀의 음성과 비리야바라밀의 음성과 선나바라밀의 음성과 반야바라밀의 음성과 자비의 음성과 희사의 음성과 해탈의 음성과 무루의 음성과 지혜의 음성과 대지혜의 음성과 사자후의 음성과 대사자후의 음성과 우뢰의 음성과 대우뢰의 음성이었다. 이처럼 말로는 다할 수 없는 소리를 내시니 사바세계와 다른 국토에 있는 무량억의 천신과 용과 귀신들도 또한 도리천궁에 모여들었다. 이른바 사천왕천·도리천·수염마천·도솔타천·화락천·타화자재천·범중천·범보천·대범천·소광천·무량광천·광음천·소정천·무량정천·변정천·복생천·복애천·광과천·엄식천·무량엄식천·엄식과실천·무상천·무번천·무열천·선견천·선현천·색구경천·마혜수라천 내지 비상비비상처천의 일체 천신 대중들과 용의 대중들과 귀신의 대중들 까지 모두 와서 모였다.

또 다시 다른 곳의 국토와 사바세계에 있는 바다 의 신과 강의 신과 하천의 신과 나무의 신과 산의 신과 땅의 신과 천택의 신과 곡식의 신과 낮의 신 과 밤의 신과 허공의 신과 천신과 음식신과 초목신 과 같은 이러한 신들도 모두 와서 법회에 모였다.

또 다시 다른 곳의 국토와 사바세계의 모든 큰 귀신의 왕들이 있었다. 이른바 무서운 눈을 한 귀왕 과 피를 먹는 귀왕과 정기를 먹는 귀왕과 태와 귀 왕과 병을 뿌리고 다니는 귀왕과 독기를 거두어들 이는 귀왕과 자비한 마음을 가진 귀왕과 복과 이익 을 주는 귀왕과 매우 사랑스럽고 공경할 만한 귀왕 등 이러한 귀왕들이 모두 와서 법회에 모였다.

그 때에 석가모니 부처님께서는 문수사리 법왕자 보살마하살에게 이르시기를 "그대는 이러한 여러 부처님과 보살과 천룡과 귀신과 이 세계와 저 세계, 이 국토와 다른 국토에서 이처럼 지금 도리천에 와 서 법회에 모인 것을 보고 그대는 그 수를 알 수 있겠느냐?"

문수사리가 부처님께 사뢰어 말씀드리되 "세존이시여, 저의 신력으로서는 천겁을 두고 헤아린다 하더라도 그 수를 알 수가 없습니다."

부처님께서 문수사리에게 이르시되 "내가 부처의 눈으로 보더라도 오히려 다 헤아리지 못한다. 이것은 모두 지장보살이 오랜 세월 동안 이미 제도했거나 지금 제도 중이거나 앞으로 제도할 이들이며, 이미 성취시켰거나 지금 성취 중이거나 앞으로 성취시킬 이들이다."

문수사리가 부처님께 사뢰어 말씀드리되 "세존이시여, 저는 과거로부터 오랫동안 선근을 닦아서 걸림이 없는 지혜를 증득하였으므로 부처님께서 하시는 말씀을 듣고 곧 당연히 그대로 믿겠습니다만 수행이 작은 성문과 천룡 팔부와 미래세의 모든 중생들은 비록 여래의 진실한 말씀을 듣더라도 반드시 의혹을 품을 것이며, 설사 받들어 가지더라도 비방받는 것을 면하지 못할 것입니다. 바라건대 세존께서는 지장보살마하살이 처음 수행 할 때[因地]에 어떠한 수행을 하였으며 어떠한 서원(誓願)을 세워서 이처럼 불가사의한 일을 성취하였는지 자세히 말씀하여 주십시오."

부처님께서 문수사리 보살에게 말씀하시되 "비유하자면 삼천대천세계에 있는 풀과 나무와 숲과 벼와 삼과 대나무와 갈대와 산과 돌과 미진의 이 많은 것 중에, 한 가지 물건을 하나로 계산하고 그 하나를 한 개의 항아로 여겨서 한 항하의 모래 하나하나를 한 세계라고 하고, 그 한 세계 안에 있는 한 개의 먼지를 일 겁으로 삼고 그 겁 안에 쌓여있는 먼지의 수를 모두 겁이라고 한다 하더라도, 지장보살이 보살의 가장 높은 지위인 십지과위(十地果位)를 증득한 시간은 위에서 비유한 수보다 천 배도 더 오래거늘 하물며 지장보살이 성문과 벽지불지에서 행한 일을 어찌 다 비유할 수 있겠는가.

문수사리여! 이 지장보살의 위신력과 서원은 생각으로 헤아릴 수가 없다. 만약 미래세에 선남자와 선여인이 있어서 이 보살의 이름을 듣고 혹 찬탄하든지, 혹 우러러 예배하든지, 혹 이름을 일컫든지, 혹

공양하든지, 아니면 그림으로 형상을 그리거나 조각하여 만들거나 옻칠을 올리게 되면 이 사람은 마땅히 백번이라도 삼십삼천에 태어나서 영원히 악도에 떨어지지 아니할 것이다.

문수사리여! 이 지장보살마하살은 과거 오랜 세월 말로는 다할 수 없는 겁 전에 장자의 아들이 되었었다. 그 때에 부처님이 계셨으니 이름을 '사자분신구족만행여래'라고 하였다. 그 때 장자의 아들이 부처님의 상호가 온갖 복으로 장엄하였음을 보고 그 부처님에게 묻기를 '어떠한 행원(行願)을 지어서 이러한 상호를 얻으셨습니까?' 하고 물었더니, 그 때에 사자분신구족만행여래께서 장자의 아들에게 말씀하시기를 '이러한 몸을 증득하고자 한다면 마땅히 오랜 세월 동안 일체의 고통을 받는 중생들을 제도하여 해탈시켜야 된다."라고 하시었다.

문수사리여! 그 때 장자의 아들은 그 말씀으로 인하여 맹서를 발하여 말하기를 "나는 지금부터 미래세의 헤아리지 못할 겁이 다할 때까지 이러한 죄로 고생하는 육도의 중생을 위하여 널리 방편을 베풀어 그들로 하여금 모두 해탈하게 하고 나 자신도 꼭 불도를 성취할 것이다."라고 하였다. 그 부처님 앞에서 이러한 큰 서원을 세웠기 때문에 지금까지 백천만억 나유타인 말로는 표현할 수 없는 많은 겁을 지내도 오히려 보살이 되어 있다.

또 과거의 생각할 수 없는 아승지겁 때에 부처님이 계셨는데 이름이 각화정자재왕여래이고, 그 부처님의 수명은 사백천만억 아승지겁이나 된다. 상법(像法) 가운데 한 바라문의 딸이 있어 숙세에 복이 심후하여 뭇 사람들이 공경하는 바이며 행주좌와(行住坐臥)에 제천이 호위하였다. 그런데 그의 어머니는 사도(邪道)를 믿어 항상 삼보를 가볍게 여기었다. 이 때에 그의 딸 성녀(聖女)가 널리 방편을 베풀어서 그 어머니를 권유하여 그로 하여금 바른 소견이 생기게 하였지만 이 여자의 어머니는 전혀 믿음이 생기지 않더니 오래지 아니하여 목숨을 마친 뒤에 영혼이 무간지옥에 떨어져 버렸다.

그 때 바라문의 딸은 자신의 어머니가 세상에 계실 적에 인과를 믿지 아니했으니 마땅히 업에 따라

악취에 날 것을 짐작하여 드디어 가택을 팔아서 향과 꽃과 여러 가지 공양 거리들을 널리 구하여서 과거 부처님의 탑에 크게 공양을 올렸다. 그러다가 각화정자재왕여래를 뵈니 그 형상이 절에 계시되 불상과 탱화의 위엄스러운 얼굴이 단정하고 엄숙함을 구비하셨다.

그 때 바라문의 딸이 높으신 얼굴에 우러러 예배하고 존경하는 마음이 갑절이나 생겨서 가만히 스스로 생각하기를 '부처님의 이름은 대각(大覺)이라, 모든 지혜를 갖추었으니 만약 세상에 그대로 계셨더라면 내 어머니가 돌아가신 뒤에 만일 부처님께 물었더라면 반드시 가신 곳을 알았을 것이다.'라고 하였다.

이 때 바라문의 딸이 오래도록 슬피 울며 여래를 쳐다보면서 그리워하였더니 홀연히 공중에서 소리가 들려오기를 "울고 있는 자 성녀야, 너무 슬퍼하지 말아라. 내가 지금 너의 어머니의 간 곳을 보여 주마."라고 하였다.

바라문의 딸이 합장하고 공중을 향하여 하늘에

아뢰기를 '이 어떠한 신의 덕으로 제 걱정을 풀어 주시려 합니까? 저는 어머니가 돌아가신 뒤로 밤낮 생각하였으나 어머니의 태어나신 곳을 물을 곳이 없었습니다.'

그 때 공중에서 소리가 들려와 두 번째 알려주기를 '나는 바로 네가 예배하던 과거의 각화정자재왕 여래다. 네가 어머니를 생각하는 정이 보통 중생의 정보다 갑절이나 됨을 보았으므로 너에게 알리는 것이다.'고 하였다.

바라문의 딸은 이 소리를 듣자마자 너무 감동한 나머지 몸을 들어 스스로 부딪혀서 팔과 다리가 모두 상하였으므로 좌우에서 붙들어 일으키니 오랜만에 깨어나서는 공중을 향하여 아뢰기를 '원컨대 부처님께서는 자비로써 불쌍하게 여기시어 빨리 저의 어머니가 태어난 세계를 말씀하여 주십시오. 제 지금의 심신은 오래지 않아서 죽을 것 같습니다.'

그 때 각화정자재왕여래께서 성녀에게 이르시기를 '너는 공양을 마치거든 다만 일찍이 집으로 돌아가서 단정하게 앉아 나의 명호를 생각하면 곧 너의 어머니가 태어나서 간 곳을 알게 될 것이다.'고 하였다.

이 때 바라문의 딸은 부처님께 예배하기를 마치고 곧 그의 집으로 돌아와서 어머니를 생각하여 단정히 앉아 각화정자재왕여래를 생각하면서 하룻밤 하루 낮을 지냈는데, 문득 자기 몸이 한 바닷가에 이르렀다.

그 바닷물이 끓어오르고 많은 악한 짐승들이 모두 쇠로 된 몸을 하고 해상을 날아다니면서 동서로 쫓아다니고 남자와 여인 백천만 명이 바다 가운데로 들어갔다가 나왔다가 하다가 온갖 악한 짐승들에게 잡아 먹히는 것이 보이며, 또한 야차가 있는데 그 모양이 각각 달라서 손이 많은 것과 눈이 많은 것과 발이 많은 것과 머리가 많은 것과 어금니가 밖으로 튀어나와서 날카롭기가 칼날 같은 것들이 죄인들을 몰아서 악한 짐승들에게 가깝게 대어주며, 다시 스스로 치고 받아서 머리와 다리가 서로 엉키는 등 그 모양이 만 가지나 되어 감히 오래 볼 수가 없었다. 그러나 이 때 바라문의 딸은 염불하는 힘 때문에 자연 두려움이 없었다.

한 귀왕이 있어 이름을 무독이라 불렀는데 머리를 조아리며 와서 성녀를 영접하면서 하는 말이 '착하신 보살이시여, 어떠한 연유로 이 곳에 오셨습니까?'

이 때 바라문의 딸이 귀왕에게 묻기를 '이 곳은 어디입니까?'

무독이 대답하기를 '이 곳은 대철위산의 서쪽에 있는 첫째 바다입니다.'

성녀가 묻기를 '내가 들으니 철위산 안에 지옥이 있다고 하는데 이것이 사실입니까?'

무독이 대답하기를 '실제 지옥이 있습니다.'

성녀가 묻기를 '내가 어찌하여 지옥이 있는 곳에 오게 되었습니까?'

무독이 대답하기를 '만약 위신력이 아니면 곧 업력일 것입니다. 이 두 가지가 아니면 끝내 이곳에는 오지 못할 것입니다.'라고 하였다.

성녀가 또 묻기를 '이 물은 무슨 연유로 끓어오르며 어찌하여 죄인들과 악한 짐승들이 많습니까?'

무독이 대답하기를 '이것들은 염부제에서 악을 지은 중생들로서 죽은 지 사십구일이 지나도록 그 자식이 망자를 위해 공덕을 지어서 고난으로부터 구제해 줄 사람이 없으며, 살았을 때 또한 선한 인연이 없으므로 마땅히 본래의 업을 감수함에 따라 지옥으로 가는데 자연히 이 바다를 건너야 됩니다.

바다 동쪽으로 십만 유순을 지나면 또 하나의 바다가 있는데 그 곳의 고통은 이 곳보다 갑절이나 되며, 그 바다의 동쪽에 또 하나의 바다가 있는데 그 곳의 고통은 다시 곱절이나 됩니다. 삼 업으로 지은 악한 업이 불러와서 감수하는 것이므로 모두 '업의 바다'라고 하는데 여기가 바로 그 곳입니다.

성녀가 또 귀왕 무독에게 묻기를 '지옥은 어디에 있습니까?'

무독이 대답하기를 '세 바다 안이 바로 대지옥이며 그 수는 백천이고 각각 차별이 있는데 그 중에서 크다고 하는 것이 모두 십팔 개이며 다음이 오백 개로 그 고통과 독은 헤아릴 수 없으며 다음이 천백 개로 또한 한량없는 고통이었습니다.'

성녀가 또 대귀왕에게 묻기를 '내 어머니가 죽어서 온 지 오래지 않은데 혼신이 어느 곳으로 갔는지 알지 못합니다.'

귀왕이 성녀에게 묻기를 '보살님의 어머니가 살아계실 때 어떠한 행업을 익혔습니까?'

성녀가 대답하기를 '내 어머니는 삿된 소견으로 삼보를 놀리고 훼방했습니다. 설혹 잠시 믿는 척하다가도 곧 또한 불경한 짓을 저지르곤 했으니 죽은 지 얼마 되지 않지만 어느 곳에 있는지 알지 못합니다.

무독이 묻기를 '보살님의 어머니 성씨가 무엇입니까?'

성녀가 대답하기를 '나의 아버지와 어머니 모두가 바라문의 종족인데 아버지는 시라선견이라 하고 어머니는 열제리라 합니다.'라고 하였다.

무독이 합장하고 보살께 여쭈어 말하기를 '원컨대 성자께서는 돌아가시고 너무 근심하거나 슬퍼하지 마십시오. 열제리 죄녀가 천상에 태어난 지가 지금 삼 일이 지났습니다. 효순한 자식이 어머니를 위해 공양을 베풀어 복을 닦아 각화정자재왕여래의 탑사에 보시했으니 다만 보살의 어머니만 지옥에서 벗어난 것이 아니라 무간지옥에 있던 죄인들이 이 날 모두 즐거움을 얻고 함께 천상에 태어났습니다.'라고 하였다.

귀왕이 말을 마치자 합장하고 물러나니 바라문의 딸은 곧 꿈결같이 돌아와서 이러한 일을 깨닫고 문득 각화정자재왕여래의 탑 앞에서 큰 서원을 세우기를 '원컨대 저는 미래겁이 다하도록 죄고가 있는 중생을 위하여 널리 방편을 베풀고 그들로 하여금 해탈하게 할 것입니다.'라고 하였다."

부처님께서 문수사리에게 이르시기를 "그 때의 귀왕은 지금의 재수보살이요, 그 때의 바라문의 딸은 곧 지금의 지장보살이니라."고 하시었다.

제2, 분신들을 모으다[分身集會品]

그 때 백천만억이나 되는 생각할 수도 없고 의논할 수도 없으며 헤아릴 수도 없고 말로 표현할 수도 없는 무량 아승지 세계의 지옥에 몸을 나투어

계신 지장보살이 함께 도리천궁에 모였으며, 여래의 신력으로 각각 그 곳에서 모두 해탈을 얻어서 업도로부터 벗어난 자 또한 각각 천만억 나유타 수가 있었다.

모두 향기 나는 꽃을 가지고 와서 부처님께 공양을 드리니 저 모든 함께 온 이들도 다 지장보살의 교화로 인하여 영원히 아뇩다라삼먁삼보리에서 물러서지 아니하였다. 이러한 모든 이들은 구원겁에서부터 생사에 유랑하면서 육도에서 받는 고통이 잠시도 그침이 없다가 지장보살의 넓고 큰 자비와 깊은 서원 때문에 각각 높은 깨달음을 얻게 되었는데 이미 도리천에 이르러서는 마음속에 뛸 듯한 기쁨을 품고 여래를 우러러 눈을 잠시도 떼지 않았다. 그 때에 세존께서는 금색 팔을 펴서 백천만억의 생각할 수도 없고 의논할 수도 없으며 헤아릴 수도 없고 말로도 표현할 수 없는 무량 아승지 세계의 모든 분신 지장보살마하살의 이마를 만지시면서 이렇게 말씀하셨다.

"나는 오탁악세에서 이와 같은 강강한(거칠고 억

셈) 중생을 교화하여 그들로 하여금 마음을 조복하여 삿됨을 버리고 바른 곳으로 돌아가게 하였으나 열에 하나나 둘은 아직도 악한 습관이 남아 있구나. 나 또한 몸을 천백억으로 나누어 널리 방편을 베푸노라.

혹 영리한 근기는 들으면 곧 믿으며, 혹 선량한 이는 부지런히 권하여 성취시킬 것이며, 혹 암둔한 자는 오래 교화해야 그 때에 가서 귀의할 것이며, 혹 업이 중한 자는 존경하는 마음을 내지 않을 것이다.

이와 같은 모든 중생은 각각 차별이 있으므로 몸을 나누어 제도할 것이다. 혹은 남자의 몸으로 나타나며, 혹은 여인의 몸으로 나타나며, 혹은 천룡의 몸으로 나타나며, 혹은 귀신의 몸으로 나타나며, 혹은 산림과 하천과 냇물이나 못이나 샘과 우물로 나타나서 이로움을 사람들에게 미치게 하여 제도할 것이며, 혹은 제석의 몸으로 나타나며, 혹은 범왕의 몸으로 나타나며, 혹은 전륜왕의 몸으로 나타나며, 혹은 거사의 몸으로 나타나며, 혹은 국왕의 몸으로 나타나며, 혹은 재상의 몸으로 나타나며, 혹은 관리의 몸으로 나타나며, 혹은 비구와 비구니와 우바새와 우바이와 내지 성문과 나한과 벽지불과 보살 등의 몸으로 나타나서 교화하고 제도할 것이다. 단지 부처의 몸으로만 그 몸을 나타내는 것은 아니다.

그대가 나의 오랜 세월동안 부지런히 고생하면서 이와 같이 교화하기 어려운 강하고 굳센 죄고 중생을 도탈시킨 것을 보아라. 그래도 조복되지 못한 자가 있어 죄고에 따라 과보를 받게 되는 데 만약 악취에 떨어져서 큰 고통을 받을 때에는 너는 마땅히 내가 도리천궁에서 간곡히 부촉하던 것을 생각해서 사바세계로 하여금 미륵불이 출세할 때까지의 중생을 모두 해탈시켜서 영원히 모든 고통에서 벗어나게 하고 부처님의 수기를 받도록 하라."

그 때에 여러 세계에 화신했던 지장보살이 다시 하나의 형상으로 돌아와서 슬픈 생각으로 눈물을 흘리시면서 부처님께 아뢰기를 "저는 구원겁으로부터 지금까지 부처님께서 이끌어주시어 불가사의한 신력을 얻고 큰 지혜를 갖추었으므로 저의 분신이

백천만억의 항하사 세계에 가득합니다. 한 세계마다 백천만억의 몸으로 화하여 한 세계마다 백천만억의 사람을 제도하여 그들로 하여금 삼보에 귀의하여 공경하게 합니다. 그리고 영원히 생사를 여의고 열반의 즐거움에 이르게 하되 다만 불법 가운데서 선한 일을 한 것은 터럭 한 개, 물 한 방울, 모래 한 알, 티끌 한 개와 털끝만한 것이라 하더라도 제가 점차 제도하여 그들로 하여금 큰 이로움을 얻도록 할 것입니다. 다만 바라건대 세존께서는 후세에 악업을 짓는 중생들에 대해서는 심려하지 마십시오" 하고 이와 같이 세 번이나 부처님께 말씀드렸다.

"오직 원컨대 세존께서는 후세에 악업을 짓는 중생에 대해서는 심려하지 마십시오"라고 하자, 그때 부처님께서는 지장보살을 칭찬하여 말씀하시기를 "선하구나, 선하구나. 내 그대를 도와 기쁘게 하리니 그대는 능히 구원겁으로부터 큰 서원을 발한 것을 성취하고 널리 제도함을 마친 뒤에 곧 보리를 증득하리라."고 하시었다.

제3, 중생들의 업의 인연을 관찰하다[觀衆生業緣品]

그 때에 부처님의 어머니 마야 부인이 공경 합장하고 지장보살께 묻기를 "성자시여, 염부제 중생이 짓는 업의 차별과 받는 과보는 어떠한 것입니까?"

지장보살이 대답하기를 "천만 개의 세계와 국토에는 혹 지옥이 있으며, 혹은 지옥이 없으며, 혹은 여인이 있으며, 혹은 여인이 없으며, 혹은 불법이 있으며, 혹은 불법이 없으며, 내지 성문과 벽지불도 이와 같이 있기도 하고 없기도 하므로 지옥의 죄보가 하나 같지 아니합니다."

마야 부인이 거듭 지장보살게 말씀드리기를 "또한 염부제에서 지은 죄보로 느끼는 악도에 대해서 듣고 싶습니다."

지장보살이 대답하기를 "성모시여, 듣고자 하신다면 제가 대강 설명하여 드리겠습니다."

불모께서 말씀하시기를 "원컨대 성자께서는 설하여 주십시오."라고 하였다.

그 때에 지장보살이 성모에게 말씀드리기를 "남염부제의 죄보의 명호는 이와 같습니다. 만약 어떤 중생이 부모에게 불효하여 혹 살생하는 데까지 이르면 마땅히 무간지옥에 떨어져서 천만억 겁이 지나도록 나오기를 구해도 나올 기약이 없을 것입니다.

만약 어떤 중생이 부처님의 몸을 상하게 하여 피가 나게 하고, 삼보를 훼방하며, 경전을 존경하지 아니하면 또한 마땅히 무간지옥에 떨어져서 천만억 겁을 지내면서 나오기를 구하여도 나올 기약이 없을 것입니다.

만약 어떤 중생이 부처님의 재산을 침해하여 손해를 입히고, 비구와 비구니를 더럽히며, 혹은 가람 안에서 음욕을 자행하고, 혹은 죽이거나 혹은 해치는 이러한 무리들은 마땅히 무간지옥에 떨어져서 천만억 겁을 지내면서 나오기를 구하여도 나올 기약이 없을 것입니다.

만약 어떤 중생이 거짓으로 사문이 되어 사문의 마음을 가지지 아니하고 사찰의 물건을 쓰거나 파손하며, 속인을 속이며, 계율을 어기거나 등지고 갖가지 악한 일을 지으면, 이러한 무리들도 마땅히 무간지옥에 떨어져서 천만억 겁을 지내면서 나오기를 구하여도 나올 기약이 없을 것입니다. 만약 어떤 중생이 상주물인 재물과 곡식과 음식과 의복과 그 밖에 한 물건이라도 주지 아니한 것을 갖게 되면 마땅히 무간지옥에 떨어져서 천만억 겁을 지내면서 나오기를 구하여도 나올 기약이 없습니다."고 하였다.

또 지장보살이 아뢰기를 "성모시여, 만약 어떤 중생이 이와 같은 죄를 지으면 마땅히 오무간지옥에 떨어져서 잠깐이라도 고통이 멈추기를 구하나 한 순간도 편안함을 얻을 수 없습니다."라고 하였다.

마야부인이 거듭 지장보살에게 말씀하시되 "무엇을 일러 무간지옥이라 합니까?"라고 하니 지장보살이 대답하되, "성모시여, 무간지옥이라는 것은 큰 철위산 안에 있으되 그 큰 지옥은 십팔 곳이요, 다시 오백 군데가 있으되 그 이름이 각각 다르며, 다시 천백이 있되 그 이름이 각각 다르거니와 무간지옥은 그 옥의 성 둘레가 팔만여 리나 되고 그 성은 순전히 철로 되어 있으며 높이가 일만 리나 되며

137

성 위에는 불무더기가 있어서 간격이 전혀 없고, 그 옥성 가운데 여러 옥이 서로 이어져 있는데 이름이 각각 다르며, 따로 한 개의 옥이 있는데 이름을 무 간이라 하고, 그 옥의 둘레는 만팔천리나 되고 옥담 의 높이는 일천 리로 다 무쇠로 되어 있습니다. 위 에서 타는 불이 아래까지 닿고 아래 불이 위까지 치솟으며 쇠로 된 뱀과 쇠로 된 개가 불을 토하면 서 쫓아 다니므로 옥담 위를 동서로 달아나고 있습 니다.

지옥 가운데는 평상이 있어 넓이가 만 리에 가득 한데 한 사람이 죄를 받아도 스스로 그 몸이 평상 위에 가득 차게 누웠음을 보고 천만인이 죄를 받아 도 또한 각각 자기의 몸이 평상 위에 가득 차게 보 이니 여러 가지 업으로 느끼는 것에 그 과보를 얻 음이 이와 같습니다.

또한 여러 죄인이 모든 고통을 갖추어 받는데 천 백이나 되는 야차와 악귀의 어금니는 칼날과 같고 눈은 번갯불과 같으며, 손은 또 구리 손톱이 달려 있어 죄인의 창자를 뽑아 내어 토막 토막 자르며,

다른 어떤 야차는 큰 쇠창을 들고 죄인의 몸을 찌르는데 혹은 코와 입을 찌르고 혹은 배와 등을 찌르며 공중에 던졌다가 뒤집어 받으며 혹은 평상 위에 그대로 두기도 합니다.

또한 쇠로 된 매가 있어 죄인의 눈알을 쪼으며, 또한 쇠로 된 뱀이 있어 죄인의 머리를 감고, 백 개의 마디마다 모두 긴 못을 박으며, 혀를 뽑아 보습을 만들어 죄인에게 끌게 하며 구리쇳물을 입에 부으며, 뜨거운 무쇠로 몸을 얽어서 만 번도 더 죽었다가 깨어나게 하니 업에 의한 느낌이 이와 같아서 억겁을 지낸다 하더라도 나올래야 나올 기약이 없습니다.

또한 이 세계가 없어지면 다른 세계로 옮겨져 나고, 다른 세계가 파괴되면 또 다른 곳으로 옮겨지며, 다른 곳이 파괴되어도 전전하면서 옮기다가 이 세계가 이루어지면 다시 돌아오게 되니 무간지옥의 죄보를 받는 일이 이와 같습니다.

또한 다섯 가지 일에 대해 업을 느끼므로 무간지옥이라 합니다. 무엇을 다섯이라 하느냐 하면, 첫째는 낮과 밤으로 죄보를 받아 겁수에 이르기까지 잠시라도 사이가 없으므로 무간지옥이라 합니다.

둘째는 한 사람도 그 지옥이 가득 차고 많은 사람도 또한 그 지옥이 가득 차므로 무간지옥이라 합니다.

셋째는 죄 받는 기구에 쇠방망이와 매와 뱀과 이리와 개와 가는 맷돌과 써는 톱과 끓는 가마솥과 쇠그물과 쇠사슬과 쇠나귀와 쇠말들이 있고, 생가죽으로 머리를 조르고 뜨거운 쇳물을 몸에 부으며 주리면 철환을 삼키고 목마르면 쇳물을 마시면서 해가 다 가고 겁을 마치는 수가 나유타와 같이 고초가 서로 이어져서 간단이 없으므로 무간지옥이라 합니다.

넷째는 남자와 여자, 되놈과 오랑캐, 늙은이와 젊은이, 귀한 사람과 천한 사람, 혹은 용, 혹은 신, 혹은 천, 혹은 귀 등을 가리지 않고 죄행에 대한 업의 느낌은 모두 다 같으므로 무간지옥이라 합니다.

다섯째는 만약 이 지옥에 떨어지면 처음 들어갈 때부터 백천 겁이 되도록 하루 낮과 하룻밤에 만

번이나 죽었다가 만 번이나 살아나서 잠깐사이나마 머물기를 기다려도 되지 않으며 비행을 제거하고 업이 다하면 바야흐로 다른 곳에 태어나게 되는데 이러한 일이 계속되므로 무간지옥이라 합니다."

지장보살이 성모에게 말씀드리기를 "무간지옥에 대한 설명은 대강 이와 같습니다. 만약 지옥에서 벌을 주는 기구들의 명칭과 여러 가지 고통을 주는 일에 대해서는 일 겁 동안 설명한다 해도 다 할 수가 없습니다."라고 하였다.

마야 부인이 듣기를 마치고 근심스럽게 합장하면서 이마를 조아려 절하고 물러났다.

제4, 염부제 중생들의 업으로 느낌[閻浮衆生業感品]

그 때에 지장보살마하살이 부처님께 말씀 드리기를 "세존이시여, 제가 여래의 위신의 힘을 입었으므로 두루 백천만억 세계에 이 몸을 나투어서 중생의 모든 업보를 뽑고 구원할 수 있습니다. 그러나 만약 여래의 큰 자비의 힘이 아니었다면 능히 이와 같은 변화는 지을 수가 없었는데 제가 지금 또 부처님의 부촉을 입었으니 아일다[미륵불]께서 성불하여 오실 때까지 육도중생으로 하여금 해탈하게 할 것입니다. 다만 원컨대 세존께서는 심려하지 마십시오."하였다.

그 때에 부처님께서 지장보살에게 이르시기를 "일체 중생이 해탈하지 못하는 것은 성품이 정해지지 않아서 악함을 행하면 업을 짓고 선행을 행하면 과를 맺어 그 경지를 따라서 태어나며 오도를 돌고 돌아 잠깐도 쉬는 일이 없이 미진겁을 지내게 된다. 의혹에 사로잡히고 어려움에 가로막히는 것이 마치 물고기가 그물 속에서 노는 것과 같아서 이러한 긴 흐름을 잠시 벗어나는가 하면 또 들어가서 다시 그물에 걸리게 된다. 이와 같은 무리들을 내 마땅히 근심하였는데 그대는 이미 지난날 원을 마치고 오랜 세월 동안 거듭 맹세하여 널리 죄 지은 무리들을 제도하니 내 다시 무엇을 근심할까."라고 하시었다.

이 말씀을 설하실 때에 법회 가운데 한 보살마하살이 있어 이름을 정자재왕이라고 하였는데 부처님께 아뢰기를 "세존이시여, 지장보살이 오랜 세월 동안 각각 어떠한 원을 발하였기에 지금 세존의 은근하신 찬탄을 받으십니까? 오직 바라건대 세존께서는 간략하게 설하여 주십시오"라고 하였다.

그 때에 세존께서는 정자재왕보살에게 고하시기를 "잘 듣고 잘 들어서 좋은 마음으로 생각해보아라. 내 마땅히 그대를 위하여 분별하여 해설하리라.

지나간 과거의 무량 아승지 나유타로 말로는 표현할 수 없는 겁인 그 때에 부처님이 계셨는데 호를   일체지성취여래·응공·정변지·명행족·선서·세간해·무상사·조어장부·천인사·불세존이라고 했다.

그 부처님의 수명이 육만 겁이나 되었는데 출가하지 아니했을 때 작은 나라의 임금이 되어서는 이웃 나라의 임금과 벗이 되어 함께 열 가지 착한 일을 행하여 중생을 넉넉하고 유익하게 하였다. 그 이웃 나라 안에 사는 인민이 여러 가지 악한 일을 많이 지으니 두 임금이 계책을 의논하고 널리 방편을 베풀었는데 한 임금은 원을 발하기를 일찍이 불도를 성취하여 마땅히 이 사람들을 제도하여 하나도

남기지 않겠다고 하였다.

한 임금은 원을 발하기를 '만약 먼저 죄고중생들을 제도하여 이들로 하여금 안락하게 하지 못하면 나는 끝내 성불하기를 원하지 아니한다.'고 했다."

부처님께서 정자재왕보살에게 고하시기를 "한 임금이 원을 발하여 일찍이 성불한 이는 곧 일체지성취여래가 이분이요, 한 임금이 원을 발하여 영원토록 죄고 중생을 제도하고 성불하기를 원하지 않은 이가 곧 지장보살 이분이다."

"다시 과거 무량 아승지겁에 출세하신 부처님이 계시니 이름을 청정연화목여래라고 하셨는데 그 부처님의 수명은 사십 겁이었다. 상법 가운데 나한이 있어 복으로 중생을 제도하고 그로 인하여 차례로 교화하다가 한 여인을 만났는데 이름을 광목이라고 했다. 음식을 베풀어 공양하니 나한이 묻기를 '원하는 것이 무엇인가?'

광목이 대답하기를 '저는 어머니가 돌아가신 날에 복을 지어 구원하여 빼어내고자 하나 제 어머니가 어느 곳에 나셨는지 알지 못합니다.'하니 나한이 불쌍히 여겨 그를 위하여 정에 들어가 관찰하니 광목의 어머니가 악취에 떨어져서 지극한 고초를 받고 있음이 보였다.

나한이 광목에게 묻기를 '너의 어머니가 살아 있을 때 어떠한 행업을 지었기에 지금 악취에서 극심한 고초를 받고 있느냐?'

광목이 대답하기를 '제 어머니가 한 일은 오직 물고기와 자라 등을 먹기를 좋아하였는데 물고기와 자라 중에도 그 새끼를 많이 먹었습니다. 혹 굽기도 하고 혹 지지기도 하여 마음껏 많이 먹었으니 그 목숨의 수를 계산한다면 천과 만에도 다시 배가 될 것입니다.'라고 하였다.

광목이 '존자님께서는 자비심으로 불쌍히 여겨 어찌 하시든지 가련하게 생각하여 구원해 주십시오.'라고 하였다.

이에 나한이 불쌍히 여겨 방편을 지어서 광목에게 권하기를 '그대가 지성으로 청정연화목여래를 염하고 겸하여 형상을 조성하거나 탱화를 그리든지 하면 산 사람이나 죽은 사람도 과보를 얻을 수 있을 것이다.'라고 하였다.

광목이 듣기를 마치고는 곧 아끼던 물건을 팔아 불상을 그려 모시고 공양을 올리며 다시 공경하는 마음으로 슬피 울면서 우러러 예배하였다. 광목이 문득 새벽 꿈에 부처님을 뵈오니 금빛이 밝게 빛나서 수미산과 같으며 큰 광명을 놓아서 광목에게 이르시기를 '네 어머니가 오래지 아니하여 너의 집에 태어날 것이나 겨우 배고프고 추운 줄을 깨닫게 되면 곧 말을 할 수 있을 것이다.'라고 하였다.

그 뒤에 집 안에서 종이 한 아들을 낳으니 삼 일이 되기 전에 말을 하며, 머리를 조아리며 슬피 울면서 광목에게 고하기를 '생사의 업연으로 과보를 스스로 받게 되었는데 나는 너의 어미로서 오래도록 어두운 곳에 있다가 너를 이별하고 가서 여러 번 큰 지옥에 떨어졌으나 너의 복력을 입어서 다시 태어나게 되었으나 하천한 사람이 되었다. 또 다시 단명하여 나이 열세 살이 되면 다시 악도에 떨어질 것이니 너에게 어떠한 계책이 있어 나로 하여금 벗어나서 면하게 할 수 있겠느냐?' 하거늘 광목이 이

146

말을 듣고 어머니로 알아 의심이 없었다.

광목이 목이 메어 슬피 울면서 종의 자식에게 이르기를 '이미 바로 나의 어머님이라면 본래 지은 죄업을 다 알 것이니 어떠한 행업을 지어서 악도에 떨어졌습니까?'하고 물으니 종의 아들이 대답하여 말하기를 '생물을 죽이고 불법을 헐뜯고 비방한 두 가지 업으로 보를 받았는데 만약 복을 지어 그 힘으로 나를 고난에서 빼내어 구원해 주지 않았다면 이 업 때문에 해탈을 얻지 못할 것이다.'하였다.

광목이 묻기를 '지옥의 죄보는 어떠한 것인지요?' 하니 종의 아들이 대답하기를 '죄고의 일은 차마 말로는 다 할 수가 없다. 백천 세를 두고 말한다 하더라도 다하기는 어려울 것이다.'라고 하였다.

광목이 듣기를 마치고는 눈물을 흘리며 슬피 울면서 하늘을 향하여 말하기를 '원컨대 나의 어머니가 영원히 지옥을 벗어나서 십삼 세를 지내고도 다시는 무거운 죄로 악도에 돌아다니는 일이 없게 하소서. 시방에 계시는 여러 부처님께서는 자비로 저를 불쌍히 여기시어 제가 어머니를 위해 발하는 광대한 서원을 들어주소서.

만약 저의 어머니가 영원히 삼악도와 이러한 하천함과 여인의 몸까지를 영원히 여의고 영겁 동안 받지 않게 된다면, 저는 오늘부터 이 뒤로는 청정연화목여래의 상 앞에 나아가 백천만억 겁 동안 세계마다 있는 지옥과 삼악도에서 모든 죄고에 시달리는 중생들을 구제하여 영원히 지옥, 악취, 축생, 아귀 등을 떠나도록 하며, 이와 같은 죄보를 받는 사람들이 모두 성불한 뒤에 그 때 저는 비로소 정각을 성취할 것을 서원합니다.'하였다.

서원을 발하여 마치니 청정연화목여래의 말소리가 똑똑히 들려왔다. 이르기를,

'광목아, 너의 큰 자비와 연민으로 어머니를 위하여 이 같은 큰 소원을 내는구나. 내가 살펴보건대 너의 어머니는 십삼 세가 지나면 이 과보의 몸을 버리고 범지로 태어나서 수명을 백 세나 살 것이며, 이 과보가 지나고 나면 무우국토에 태어나서 수명은 헤아릴 수 없는 겁을 살게 된다. 그리고 뒤에는 불과를 성취하여 널리 인간과 천인들을 제도하며

그 수는 항하의 모래수와 같을 것이다.'라고 하였다."

부처님께서 정자재왕보살에게 고하시기를 "그 때의 나한으로 광목에게 복을 지어 어머니를 제도하게 한 사람은 곧 무진의보살이요, 광목의 어머니는 곧 해탈보살이요, 광목녀는 곧 지장보살이다. 지장보살은 과거 구원겁 중에 이와 같이 자비와 연민으로 항하사의 원을 발하여 널리 중생을 제도하였다.

미래세 중에 만약 남자와 여인이 있어 선을 행하지 않는 자와 악을 행하는 자와 인과를 믿지 않는 자와 사음하고 거짓말하는 자와 두 가지의 말을 하는 자와 악담하는 자와 대승을 훼방하는 자 등 이와 같은 여러 업을 짓는 중생들은 반드시 악취에 떨어지게 된다. 그러나 만약 선지식을 만나 손가락을 한 번 퉁기는 짧은 시간이라도 지장보살에게 귀의하게 되면 이 여러 중생들은 곧 삼악도의 과보에서 해탈을 얻게 될 것이다."라고 하셨다.

"만약 지극한 마음으로 귀의하여 공경하고 우러르며 찬탄하고 향과 꽃과 의복과 갖가지의 진보와 혹은 음식을 가지고 이와 같이 받들어 모시는 자는 미래세의 백천만억 겁 중에도 항상 여러 하늘에 있으면서 뛰어나게 묘함과 즐거움을 받을 것이다. 만약 하늘의 복이 다하고 인간에 태어난다 할지라도 오히려 백천만 겁 동안 항상 제왕이 되며 능히 숙명의 인과에 대한 본말을 기억하게 될 것이다.

정자재왕아, 지장보살은 이와 같이 생각할 수 없을 만큼 대위신력이 있어 널리 중생을 이롭게 하니 너희들 모든 보살들은 마땅히 이 경전을 기록하여 널리 유포케 하라."고 하시었다.

정자재왕보살이 부처님께 말씀드리기를 "세존이시여, 원컨대 심려치 마십시오. 저희들 천만억 보살 마하살이 반드시 부처님의 위신력을 받들어 널리 이 경을 연설하여 염부제에서 중생을 이롭게 하겠습니다."라고 하였다. 정자재왕보살이 세존께 말씀드리기를 마치고 합장 공경하며 예를 올린 후에 자리에서 물러갔다.

그 때에 사방의 천왕들이 함께 자리에서 일어나서 합장하여 공경을 표시하고 부처님께 말씀 드리기를 "세존이시여, 지장보살이 오랜 세월 전부터 이와 같은 큰 원을 발하였는데 어찌하여 지금까지 오히려 제도하는 일이 끊어지지 아니하고 다시 광대한 서원을 발하십니까? 원컨대 세존께서는 저희들을 위하여 설하여 주십시오."라고 하였다.

이에 부처님께서는 사천왕에게 말씀하시기를 "착하고 착하구나. 내 지금 너희들과 미래와 현재의 천인의 무리들에게 이익을 널리 펼치고자 하므로 지장보살이 사바세계 염부제 안의 생사의 길에서 사랑과 슬픔으로 모든 죄고중생들을 구원하여 제도하게 하는 방편의 일을 설하여 주겠노라."고 하시니, 사천왕이 말하기를 "예 세존이시여, 원컨대 즐거이 듣고자 합니다." 하였다.

부처님께서 사천왕에게 이르시기를 "지장보살은 구원겁으로부터 지금까지 중생을 제도하였으나 아직도 서원을 마치지 못하여 이 세계의 죄고에 시달리는 중생들을 사랑과 연민으로 생각하며, 미래의 끝없는 무량겁 중에도 이어져서 끊어지지 아니함을 살피었다. 이러한 까닭으로 다시 거듭 서원을 발하였으니 이와 같이 보살은 사바세계 염부제 중에서 백천만 억의 방편으로 교화하고 있다.

사천왕이여, 지장보살이 만약 살생하는 자를 만나면 전생의 재앙으로 단명의 과보를 받는다고 설해주며, 만약 도적질하는 사람을 만나면 빈궁으로 고초를 받는다고 설해주고, 만약 사음하는 사람을 만나면 참새와 비둘기와 원앙새가 되는 갚음을 받는다고 설해준다.

만약 악구(惡口)를 하는 사람을 하는 사람을 만나면 권속들이 서로 싸우고 다투게 되는 과보를 설해주고, 만약 남을 헐뜯고 훼방하는 사람을 만나면 혀가 없어지거나 입에 창이 나는 과보를 설해주며, 만약 성내는 사람을 만나면 얼굴이 더럽고 파리해지는 병의 과보를 받는다고 설해주고, 만약 인색하고 탐욕하는 사람을 만나면 구(求)하는 것이 소원대로 되지 않는 과보를 받는다고 설해준다.

만약 음식을 과도하게 먹는 사람을 만나면 굶주리고 목말라서 목병 나는 과보를 설해주고, 만약 제멋대로 사냥하는 사람을 만나면 놀라고 미쳐서 목숨을 잃는 과보를 받는다고 설해주며, 만약 부모의 뜻을 어기고 행패 부리는 사람을 만나면 천재지변으로 재앙과 죽음의 과보가 내린다고 설해주고, 만약 산림과 나무를 불에 태우는 사람을 만나면 미쳐서 정신없이 다니다가 죽게 되는 과보를 설해주며, 만약 전후 부모에게 악독한 짓을 하는 사람을 만나면 바뀌어 태어나서 매 맞음을 받게 되는 과보를 설해주며, 만약 그물로 날짐승을 잡는 사람을 만나면 골육간에 헤어지고 이별하는 과보를 받는다고 설해준다.

만약 삼보(三寶)를 훼방하는 사람을 만나면 장님과 귀머거리와 벙어리가 되는 과보를 받는다고 설해주며, 만약 부처님의 법을 가볍게 여기고 가르침을 업신여기는 사람을 만나면 영원히 악도에 떨어지는 과보를 받는다고 설해주고, 만약 상주물(常住物-공공물, 또는 부처님의 재산)을 파괴하거나 함부로 사용하는 사람을 만나면 억겁 동안 지옥을 윤회하는 과보를 받는다고 설해주며, 만약에 범행(梵行)을 더럽히고 스님을 속이는 사람을 만나면 영원히

153

축생이 되는 과보를 받는다고 설해준다.

만약 끓는 물이나 모진 불이나 낫이나 도끼로 생물을 상하게 하는 사람을 만나면 윤회하면서 되갚음을 받는 과보가 있다고 설해주며, 만약 계(戒)를 파하거나 재(齋)를 범하는 사람을 만나면 짐승이 되거나 주림을 받는다고 설해주고, 만약 비리나 부정으로 재물을 마구 쓰는 사람을 만나면 구하는 것이 없어지고 끊어지는 과보를 받는다고 설해준다.

만약 아만심이 높은 사람을 만나면 미천한 종이 되는 과보를 받는다고 설해주고, 만약 두 가지 말로 이간질하여 싸우게 하는 사람을 만나면 혀가 없거나 혀가 백 개나 되는 과보를 받는다고 설해주며, 만약 삿된 소견을 가진 사람을 만나면 변방에 태어나는 과보를 받는다고 설해준다. 이와 같이 염부제 중생들이 몸이나 입이나 뜻으로 짓는 악업(惡業)의 결과는 백천 가지 보응(報應)으로 이루어진다는 것을 지금 대강 설명하였다.

이와 같이 염부제 중생들이 업으로 느끼는 차별을 지장보살이 백천의 방편으로 교화하지만 이러한 모든 중생들이 먼저 이와 같은 과보를 받은 뒤에 지옥에 떨어져서 잠깐 사이에 겁수(劫數)를 지내도 나올 기약이 없다.

그러므로 그대들은 사람을 보호하고 나라를 보호하여 이러한 모든 여러가지 업으로 하여금 중생들을 미혹됨이 없게 하라."고 하셨다.

사천왕들이 듣고 나서 눈물을 흘리면서 슬피 탄식한 뒤에 합장하고 물러갔다.

제5, 지옥들의 이름[地獄名號品]

그 때에 보현보살마하살이 지장보살에게 이르기를 "인자여, 원컨대 천룡팔부와 미래와 현재의 일체 중생을 위하여 사바세계와 염부제의 죄고중생이 죄보를 받는 곳인 지옥의 명호와 악한 과보에 대한 일을 말씀하여 미래세의 말법 중생으로 하여금 이 과보를 알게 하십시오."하니 지장보살이 대답하기를

"인자여, 내 지금 부처님의 위신력과 대사의 힘을 받들어 지옥의 명호와 죄보에 대한 일을 대략 말하겠습니다. 인자여, 염부제의 동쪽에 산이 있는데 이

름을 철위산이라 하며 그 산은 어둡고 깊어서 해와 달의 빛이 없으며 큰 지옥이 있는데 이름을 극무간 이라 합니다.

또 지옥이 있는데 이름을 아주 쉴 틈 없음[大阿鼻]이라 하며, 또 지옥이 있는데 이름을 네 모서리[四角]라 하며, 또 지옥이 있는데 이름을 나는 칼[飛刀]이라 하며, 또 지옥이 있는데 이름을 불화살[火箭]이라 하며, 또 지옥이 있는데 이름을 좁은산[夾山]이라 하며, 또 지옥이 있는데 이름을 찌르는창[通槍]이라 하며, 또 지옥이 있는데 이름을 쇠수레[鐵車]라 하며, 또 지옥이 있는데 이름을 쇠평상[鐵床]이라 하며, 또 지옥이 있는데 이름을 쇠로 된소[鐵牛]라 하며, 또 지옥이 있는데 이름을 쇠로 된옷[鐵依]이라 하며, 또 지옥이 있는데 이름을 쇠칼[鐵刀]이라 하며,   또 지옥이 있는데 이름을 쇠로 된 나귀[鐵驢]라 하며, 또 지옥이 있는데 이름을 구리물[洋銅]이라 하며, 또 지옥이 있는데 이름을 안는 기둥[抱柱]이라 하며, 또 지옥이 있는데 이름을 흐르는 불[流火]이라 하며, 또 지옥이 있는데 이름을 밭가는 혀[耕舌]라 하며, 또 지옥이 있는데 이름을 목을 자름(剉首)이라 하며, 또 지옥이 있는데 이름을 발을 태움[燒脚]이라 하며, 또 지옥이 있는데 이름을 눈을 씹어 먹음[啗眼]이라 하며, 또 지옥이 있는데 이름을 쇠구슬[鐵丸]이라 하며, 또 지옥이 있는데 이름을 말로 다툼[爭論]이라 하며, 또 지옥이 있는데 이름을 쇠저울[鐵鉄]이라 하며, 또 지옥이 있는데 이름을 많이 성냄[多瞋]이라 합니다.

지장보살이 또 말하기를 "어진 이여, 철위산 안에 이와 같은 많은 지옥이 있어 그 수가 한량이 없습니다.

또 소리를 지르는[叫喚] 지옥과 혀를 뽑는[拔舌] 지옥과 똥 오줌[糞尿] 지옥과 구리사슬[銅鎖] 지옥과 불코끼리[火象] 지옥과 불개[火狗] 지옥과 불말[火馬] 지옥과 불소[火牛] 지옥과 불산[火山] 지옥과 불돌[火石] 지옥과 불평상[火床] 지옥과 불대들보[火樑] 지옥과 불매[火鷹] 지옥과 톱이빨[鋸牙] 지옥과 껍질 벗기는[剝皮] 지옥과 피 뽑아 마시는[飮血] 지옥과 손을 태우는[燒手] 지옥과 발을 태우는[燒脚] 지옥과 가시밭에 거꾸로 매다는[倒刺] 지옥과 불집[火屋] 지옥과 쇠집[鐵屋] 지옥과 불이리[火狼] 지옥 등이 있습니다.

이와 같은 많은 지옥이 있고 그 가운데 각각 또 여러 개의 작은 지옥이 있어 혹은 하나, 혹은 둘, 혹은 셋, 혹은 넷에서 백천에 이르며, 그 가운데의 이름도 각각 같지 아니합니다.

지장보살이 또 보현보살에게 말씀하였다.

"어진 이여, 이것은 모두 남염부제의 악을 행한 중생들의 업으로 느낌이 이와 같습니다.

업력이 너무 커서 능히 수미산에 대적할 정도이며, 능히 큰 바다보다 깊으며, 능히 성스러운 도를 막게 됩니다. 이러한 까닭으로 중생들은 작은 악이라고 하여 가볍게 여겨 죄가 없다고 하지만 사람이 죽은 뒤의 그 갚음은 털 끝만한 것도 다 받게 됩니다.

아버지와 자식은 지극히 친한 사이지만 가는 길이 각각 다르며 비록 서로 만난다고 하더라도 기꺼이 대신 받을 수가 없습니다. 내가 지금 부처님의 위신력을 받들어 대략 지옥에서 있는 죄의 과보에 대한 일을 말하겠으니 원컨대 어진 이께서는 이 말을 잠깐 들으십시오."

보현보살이 대답하여 말하기를, "나는 비록 오래 전부터 삼악도의 갚음을 알았으나 어지신 이의 설하심을 바라는 것은 후세 말법시대에 일체 악행을 하는 중생으로 하여금 어지신 이의 설하심을 듣고 그들로 하여금 부처님 법을 향하여 귀의하게 하고자 함입니다."

지장보살이 말씀하시기를, "어진 이여, 지옥의 죄보를 받는 일은 이와 같습니다. 혹 어떤 지옥은 죄인의 혀를 뽑아서 소를 시켜 밭을 갈게 하며, 혹 어떤 지옥은 죄인의 심장을 내어서 야차에게 먹게 하며, 혹 어떤 지옥은 끓는 가마솥에 죄인의 몸을 삶으며, 혹 어떤 지옥은 벌겋게 단 구리쇠 기둥을 죄인을 시켜 껴안게 하며, 혹 어떤 지옥은 맹렬한 불덩이를 날려서 죄인의 몸에 닿게 합니다.

혹 어떤 지옥은 한결같이 찬 얼음으로 되어 있으며, 혹 어떤 지옥은 한량없는 똥과 오줌으로 덮여

있으며, 혹 어떤 지옥은 빈틈없이 쇠뭉치가 날으며, 혹 어떤 지옥은 많은 불창으로 찌르며, 혹 어떤 지옥은 방망이로 가슴과 등을 치며, 혹 어떤 지옥은 손과 발을 모두 태우며, 혹 어떤 지옥은 쇠뱀이 서리고 감기며, 혹 어떤 지옥은 무쇠 개가 물고 쫓으며, 혹 어떤 지옥은 무쇠 나귀에 끌려 다닙니다.

어진 이여, 이와 같은 많은 과보는 각 지옥마다 백천 가지 업을 다스리는 기구가 있는데 구리나 무쇠와 돌과 불로 된 것이 아님이 없습니다. 이 네 가지 물건은 여러 가지 업행(業行)으로 느끼게 됩니다. 만약 지옥에서 받는 죄보의 일들을 자세히 말씀 드린다면 하나하나의 옥마다 또 백천 가지의 고초가 있는데 하물며 어찌 많은 지옥을 말로 다 표현할 수 있겠습니까?

내 지금 부처님의 위신력과 어지신 이의 물으심을 입어 간략하게 이와 같이 말씀드리는 것이지만 만약 자세히 해설한다면 겁을 지내도 다하지 못합니다."

제6, 여래가 찬탄하시다[如來贊歎品]

그 때에 세존께서는 온 몸으로 큰 광명을 놓으시어 백천만억 항하강의 모래와 같이 많은 제불 세계를 두루 비추시고 큰 음성을 내시어 제불 세계에 널리 이르시었다. "일체의 모든 보살마하살과 천룡과 귀신과 사람인 듯 아닌 듯한 이들은 내가 오늘 지장보살마하살이 시방세계에 크고 불가사의한 위신력과 자비심을 나타내어 일체의 죄고(罪苦)를 구원하는 일을 칭양하고 찬탄함을 들어라. 내가 열반한 뒤에 그대들 모든 보살과 대사와 천룡과 귀신들은 널리 방편을 지어 이 경을 지키고·보호하여 일체 중생으로 하여금 일체의 고통을 여의게 하고 열반락을 증득하게 하라."

이렇게 말씀을 하시고 나니 법회 중에 한 보살이 있어 이름을 보광이라 하는데 합장하고 공경하여 부처님께 말하였다.

"이제 보니 세존께서는 지장보살의 이와 같이 불가사의한 큰 위신력이 있음을 찬탄하시었으니 오직 바라건대 세존이시여! 미래세의 말법 중생들을 위하여 지장보살이 인간과 천상을 이익되게 하는 인과에 관한 일을 설하시어 모든 천룡 팔부와 미래세의 중생으로 하여금 부처님의 말씀을 받들어 지니도록 하여 주십시오"

그 때에 세존께서는 보광보살과 사부대중들에게 말씀하셨다.

"자세히 듣고 자세히 들어라. 내 마땅히 그대들을 위하여 간략하게 지장보살이 인간과 천상을 복덕으로 이익되게 하는 일을 말하리라."

보광보살이 사뢰기를, "예 그렇게 하여 주십시오 세존이시여, 원컨대 즐거이 듣고자 합니다."

부처님께서는 보광보살에게 이르시기를, "미래세 중에 만약 선남자와 선여인이 있어서 이 지장보살 마하살의 이름을 듣는 자와 혹 합장하는 자와 찬탄하는 자와 예배하는 자와 생각하고 사모하는 자는 삼십(三十) 겁의 죄업을 뛰어넘을 것이다.

보광이여, 만약 선남자와 선여인이 있어 혹 지장보살의 형상을 그림으로 그리거나 혹은 흙과 돌과 아교와 칠과 금과 은과 구리와 무쇠로 이 보살을 조성하여 한 번 보고 한 번 예배하는 자가 있으면 이 사람은 백 번이라도 삼십삼천에 태어나고 영원히 악도에 떨어지지 아니할 것이다. 가령 하늘의 복이 다했기 때문에 인간에 하생(下生)한다고 하더라도 오히려 국왕이 되어 큰 이익을 잃지 아니할 것이다.

만약 어떤 여인이 여인의 몸을 싫어하여 마음을 다해 지장보살의 탱화와 흙과 돌과 아교와 칠과 구리와 무쇠 등으로 된 지장보살상에 공양하되 이와 같이 날마다 물러서지 아니하고 항상 꽃과 향과 음식과 의복과 수놓은 비단과 깃발과 돈과 보물 등으로 공양하면 이 선여인은 이 한 번의 여자 몸의 과보를 마치면 백천만 겁이라도 다시는 여인이 있는 세계에도 태어나지 아니하거늘 하물며 어찌 여인의 몸을 받겠느냐. 오직 자비의 원력 때문에 꼭 여자의 몸을 받지 아니하고 중생들을 도탈하나니라.

이 공양을 받는 지장보살의 위신력과 공덕력 덕분에 백천만 겁을 지나도록 다시는 여인의 몸을 받지 아니한다.

다시 보광이여, 만약 여인이 있어 이 더럽고 병많은 것을 싫어하여 다만 지장보살 형상 앞에 지극한 마음으로 밥을 먹는 사이만이라도 우러러 예배하면 이 사람은 천만 겁을 지나도록 받아서 태어나는 몸의 상모가 원만하여 모든 질병이 없어질 것이며, 추하고 더러운 여인이 여자의 몸을 싫어하지 아니하면 곧 백천만억의 생을 받는 중에서 항상 왕녀와 왕비와 재상과 이름 있는 종족과 대장자의 딸이 되어 단정한 몸을 받고 나서 모든 상호가 원만하게 되리라. 지극한 마음으로 지장보살을 우러러 예배했기 때문에 복을 얻음이 이와 같은 것이다.

또 보광이여, 만약 선남자와 선여인이 있어 능히 지장보살상 앞에서 여러 가지 악기로 연주하며 노래를 읊어서 찬탄하고 향과 꽃으로 공양하거나, 한 사람이나 많은 사람에게 권하여도 이와 같은 사람들은 현재의 세상이나 미래의 세상에도 항상 백천의 신들이 낮과 밤으로 호위함을 얻을 것이다. 악한 일은 귀에 들리지도 않게 되나니 어찌 하물며 친히 횡액을 받는 일이 있겠는가.

또 보광이여, 미래 세상에 만약 악한 사람과 악한 신과 악한 귀신이 있어서 선남자와 선여인이 지장 보살상에 귀의하여 공경하며 공양하고 찬탄하고 우러러 예배하는 것을 보고 혹 망령되게 꾸짖고 훼방하는 마음이 생겨 공덕과 이익되는 일이 없다고 비방하며, 혹 이를 드러내어 비웃으며, 혹 얼굴을 돌리고 그르다고 하며, 혹 남을 권하여 함께 그르다고 하며, 혹 한 사람에게 그르다고 하며, 혹 많은 사람에게 그르다고 하여 내지 한 순간이라도 꾸짖고 훼방하는 자가 있다면 이와 같은 사람은 현겁의 천불이 열반하신 뒤가 되더라도 비방하고 헐뜯은 죄로 오히려 아비지옥에서 극심한 중죄를 받을 것이며, 이 겁을 지낸 뒤에 바야흐로 아귀가 되며, 또 천 겁을 지낸 뒤에 가서야 바야흐로 사람의 몸을 얻게 되리라.

비록 사람의 몸을 받았다 할지라도 빈궁하고 하천하여 눈·귀·코 등의 모습들을 제대로 갖추지 못하여, 많은 악업이 몸에 와서 맺어져서 오래지 아니하여 다시 악도에 떨어지게 되리라. 그러므로 보광이여, 타인의 공양을 비난하고 훼방하더라도 오히려 이러한 갚음을 받거늘 하물며 어찌 특별히 악한 소견을 내어서 헐뜯고 비방하겠는가.

다시 또 보광이여, 만약 미래 세상에 남자나 여인이 있어 오랜 병으로 침상에 누워서 살기를 구하거나 죽기를 구해도 마침내 마음대로 얻을 수가 없고, 혹 꿈에 악한 귀신과 또는 일가 친족들이 나타나며, 혹은 험한 길에서 놀며, 혹은 많은 도깨비와 귀신과 함께 놀아서 세월이 오래 되어 점점 몸이 마르고 야위어서 잠자다가도 괴로워 소리를 지르며, 처참하게 괴로워하는 것은 이것은 모두 업장의 경중을 정하지 못하여 그런 것이다. 혹은 목숨을 버리기도 어렵고 혹은 병이 낫지도 아니하니 보통 남녀의 평범한 안목으로는 도저히 이 일을 알지 못한다.

이러한 때는 다만 마땅히 제불과 보살의 존상 앞에서 소리를 높여 이 경문을 한 번 읽고 혹은 병인이 가장 아끼는 물건이나 혹은 의복과 보석, 패물과 장원과 사택을 가지고 병든 사람 앞에서 소리 높여 불러서 말하기를, '나 아무개가 이 병든 사람을 위

하여 불보살 존상 앞에서 모든 물건으로 희사한다'
고 할 것이며, 혹은 '경전과 존상에 공양한다'고 하
며, 혹은 '부처님과 보살의 형상을 조성한다'고 하
며, 혹은 '탑과 절을 이룩한다'고 하며, 혹은 '기름으
로 등을 켠다'고 하며, 혹은 '상주물로 보시한다'고
하며 이와 같이 병든 사람에게 세 번을 말해주어
그로 하여금 알아듣게 하라.

가령 모든 의식이 분산되어 기운이 다한 데 이른
다 하더라도 하루 이틀 사흘 내지는 칠일이 될 때
까지 다만 소리를 높여 이 일을 말하여 주고 소리
를 높여 경을 읽게 되면 이 사람은 명이 다한 뒤에
숙세(宿世)의 재앙과 무거운 죄와 5무간지옥에 빠질
죄라 할지라도 영원히 해탈을 얻고 다시 태어나는
곳에서 항상 숙명(宿命)을 알게 되거늘 하물며 선남
자와 선여인이 자기가 이 경을 쓰거나 혹 사람을
시켜 쓰게 하며, 혹 자기가 보살의 형상을 조성하거
나 그림으로 그리든지, 또는 사람을 시켜서 조성하
게 하고 그리게 하면, 그가 받는 과보는 반드시 크
게 이로움을 얻을 것이다.

그러므로 보광이여, 만약 어떤 사람이 이 경문을 독송하거나 또한 한 순간이나마 이 경을 찬탄하며, 혹 이 경을 공경하는 자를 보거든 그대는 모름지기 백천가지 방편으로 이러한 사람들을 권하여 부지런한 마음이 퇴전(退轉)치 않게 하라. 그렇게 한다면 능히 미래와 현재에 백천만억의 불가사의한 공덕을 얻게 되리라.

그리고 또 보광이여, 만약 미래 세상에 모든 중생들이 혹은 꿈꾸거나 혹은 잠잘 때에 모든 귀신들이 여러 가지 형상으로 변하여 혹 슬퍼하거나, 혹 울기도 하며, 혹 근심하고, 혹 탄식하며, 혹 두려워하고, 혹 겁을 내는 모습이 보이기도 한다. 이것은 모두 일생이나 십생 또는 백생이나 천생의 과거의 부모와 자녀와 형제 자매와 남편, 아내 등 권속들이 악도에서 벗어나지 못해서이다. 복력으로 고뇌에서 구원하여 줄 곳이 아무 데도 없으므로 어쩔 수 없이 숙세의 가족들에게 호소하여 그들로 하여금 방편을 지어 악도를 벗어나게 하여 주기를 원하는 것이다.

보광이여, 그대는 신통력으로 이 권속들을 시켜서

그들로 하여금 부처님과 보살의 형상 앞에 나아가 지극한 마음으로 스스로 이 경을 독송하거나 혹은 사람을 청하여 읽게 하여 그 수가 세 번 혹 일곱 번에 이르게 되면, 이와 같은 악도의 권속들은 경을 읽는 소리가 이 횟수를 마칠 때에 마땅히 해탈을 얻어 꿈속이라도 영원토록 다시는 보이지 아니하리라.

다시 또 보광이여, 만약 미래 세상에 모든 미천한 사람이거나 혹은 남자 종이나 혹은 여자 종이나 또는 부자유한 사람이 되어 숙세의 업을 깨달아서 참회하고자 하거든, 지극한 마음으로 지장보살의 형상을 우러러서 칠일 동안 보살의 명호를 외워서 만 번을 채우게 되면 이 사람은 이 과보를 다 받은 뒤에는 천만 번을 태어나도 항상 존귀한 데 태어나고 다시는 삼악도의 고통을 겪지 아니할 것이다.

다시 또 보광이여, 만약 미래 세상 가운데 염부제 안에서 찰제리나 바라문이나 장자나 거사 등 일체의 사람들과 다른 성을 가진 종족에게 새로 태어나는 자가 있어서 혹은 남자거나 혹은 여자거나를 막

169

론하고 칠일 안에 일찍이 이 불가사의 경전을 독송하고 다시 보살의 명호를 외워서 만 번을 채우게 되면, 이 새로 태어난 아이가 혹은 남자거나 혹은 여자거나 숙세의 재앙의 과보를 곧 해탈하게 되어 안락하게 잘 자라며 수명이 더욱 길어 질 것이다. 만약 이러한 복을 받아서 태어난 자는 더욱더 안락하게 되고 수명이 길어질 것이다.

다시 또 보광이여, 만약 미래 세상의 중생들은 달마다 1일·8일·14일·15일·18일·23일·24일·28일·29일·30일 등 이런 날에 모든 죄업을 모아서 그 경중(輕重)을 정하게 된다. 남염부제 중생들의 걷고, 서고, 움직이고, 생각하는 것이 업(業)이 아닌 것이 없고 죄가 아닌 것이 없거늘 어찌 하물며 마음 내키는 대로 산 생물을 죽이며 도적질하고 사음하며 거짓말 하는 백천 가지 죄상들을 다 지을 수 있겠는가.

만약 능히 이 십재일(十齋日)에 부처님과 보살과 모든 성현의 형상 앞에 나아가 이 경을 한 번 읽으면 동·서·남·북의 백 유순 안에서는 모든 재난이 없어질 것이며, 또 그 집에 있는 어른이나 어린이도 현재와 미래의 백천세 가운데 영원히 악도를 여읠 것이다. 능히 십재일마다 이 경을 한 번씩 읽으면 현세에 그가 사는 집에 모든 횡액과 질병이 없어지고 의식이 풍족하게 넘칠 것이다. 이러한 까닭으로 보광이여, 지장보살에게는 이와 같은 말로써는 도저히 표현할 수 없는 백천만억의 큰 위신력으로 이익이 되는 일이 있다는 것을 알아야 한다.

염부제 중생들이 이 보살에게 큰 인연이 있기 때문이니 이러한 여러 중생들은 보살의 명호를 듣거나 보살의 형상을 보거나 이 경의 세 글자나, 다섯 글자나, 혹 한 게송이나 한 구절을 듣는 자는 현재에는 특별히 빼어나고 묘한 안락을 얻을 것이며, 미래의 세상에도 백천만 생 동안 항상 단정함을 얻어 존귀한 집안에 태어나리라."

그 때에 보광보살이 부처님께서 지장보살을 칭찬하고 찬탄하시는 말씀을 듣고 호궤합장하여 다시 부처님께 말씀드렸다.

"세존이시여, 저는 오래 전부터 이 보살의 이와

같은 불가사의한 위신력과 큰 서원력이 있음을 알았습니다만 미래 세상의 중생들을 위하여 그 이익을 알려 주고자 하므로 짐짓 여래께 묻습니다. 세존이시여, 이 경의 이름은 무엇이라 하며, 저로 하여금 어떻게 유포하라 하십니까? 오직 원컨대 머리에 받들어 가지겠습니다."

부처님께서 보광보살에게 이르시기를, "이 경의 이름은 세가지가 있는데, 한 이름은 지장본원(地藏本願)이요, 또 한 이름은 지장본행(地藏本行)이요, 또 한 이름은 지장본서력경(地藏本誓力經)이다. 이 보살이 오랜 겁으로부터 중대한 서원을 발하며 중생들을 이익되게 함이다. 그러므로 그대들은 서원대로 유포하도록 하라."

보광보살이 부처님의 말씀을 다 듣고 나서, 믿고 받아 가지고, 합장하고 공경히 예배한 다음 물러갔다.

도서출판 窓의 "무량공덕" 시리즈

☆ "무량공덕" 시리즈는 계속 간행됩니다.

☆ 법보시용으로 다량주문시
특별 할인해 드립니다.

☆ 원하시는 불경의 독송본이나
사경본을 주문하시면 정성껏
편집·제작하여 드립니다.

◆무비(如天 無比) 스님

· 전 조계종 교육원장
· 범어사에서 여환스님을 은사로 출가
· 해인사 강원 졸업
· 해인사, 통도사 등 여러 선원에서 10여년 동안 안거
· 통도사, 범어사 강주 역임
· 조계종 종립 은해사 승가대학원장 역임
· 탄허스님의 법맥을 이은 강백
· 화엄경 완역 등 많은 집필과 법회 활동

▶저서와 역서
『금강경 강의』, 『보현행원품 강의』, 『화엄경』, 『예불문과 반야심경』,
『반야심경 사경』 외 다수.

지장보살본원경 (上)

초판 10쇄 발행일 · 2022년 1월 20일
초판 10쇄 펴낸날 · 2022년 1월 25일
편　저 · 무비 스님
펴낸이 · 이규인
편　집 · 천종근
펴낸곳 · 도서출판 窓
등록번호 · 제15-454호
등록일자 · 2004년 3월 25일

주소 · 서서울특별시 마포구 대흥로4길 49, 1층(용강동, 월명빌딩)
전화 · 322-2686, 2687 / 팩시밀리 · 326-3218
e-mail · changbook1@hanmail.net
홈페이지 · (http://www.changbook.co.kr

ISBN 89-7453-127-5　03220
정가　5,500원